I0749173

Дневник Сатаны

Леонид Н. Андреев

Дневник Сатаны

ISNB: 978-1-63637-883-1

ДНЕВНИК САТАНЫ

I

18 января 1914 г. На борте «Атлантика»

Сегодня ровно десять дней, как Я вочеловечился и веду земную жизнь.

Мое одиночество очень велико. Я не нуждаюсь в друзьях, но Мне надо говорить о себе, и Мне не с кем говорить. Одних мыслей недостаточно, и они не вполне ясны, отчетливы и точны, пока Я не выражу их словом: их надо выстроить в ряд, как солдат или телеграфные столбы, протянуть, как железнодорожный путь, перебросить мосты и виадуки, построить насыпи и закругления, сделать в известных местах остановки – и лишь тогда все становится ясно. Этот каторжный инженерный путь называется у них, кажется, логикой и последовательностью и обязателен для тех, кто хочет быть умным; для всех остальных он не обязателен, и они могут блуждать, как им угодно.

Работа медленная, трудная и отвратительная для того, кто привык единым… не знаю, как это назвать, – единым дыханием схватывать все и единым дыханием все выражать. И недаром они так уважают своих мыслителей, а эти несчастные мыслители, если они честны и не мошенничают при постройке, как обыкновенные инженеры, не напрасно попадают в сумасшедший дом. Я всего несколько дней на земле, а уж не раз предо Мною мелькали его желтые стены и приветливо раскрытая дверь.

Да, чрезвычайно трудно и раздражает «нервы» (тоже хорошенькая вещь!). Вот сейчас – для выражения маленькой и обыкновенной мысли о недостаточности их слов и логики Я принужден был испортить столько прекрасной пароходной бумаги… а что же нужно, чтобы выразить большое и необыкновенное? Скажу заранее, – чтобы ты не слишком разевал твой любопытный рот, мой земной читатель! – что необыкновенное на языке твоего ворчания невыразимо. Если не веришь Мне, сходи в ближайший сумасшедший дом и послушай тех: они все познали что-то и хотели выразить его… и ты слышишь, как шипят и вертят в воздухе колесами эти свалившиеся паровозы, ты замечаешь, с каким трудом они удерживают на месте разбегающиеся черты своих изумленных и пораженных лиц?

Вижу, как ты и сейчас уже готов закидать Меня вопросами, узнав, что Я – вочеловечившийся Сатана: ведь это так интересно! Откуда Я? Каковы порядки у нас в аду? Существует ли бессмертие, а также каковы цены на каменный уголь на последней адской бирже? К несчастью, мой дорогой читатель, при всем моем желании, если бы таковое и существовало у Меня, Я не в силах удовлетворить твое законное любопытство. Я мог бы сочинить тебе одну из тех смешных историек о рогатых и волосатых чертях, которые так любезны твоему скудному воображению, но ты имеешь их уже достаточно, и Я не хочу тебе лгать так грубо и так плоско. Я солгу тебе где-нибудь в другом месте, где ты ничего не ждешь, и это будет интереснее для нас обоих.

А правду – как ее скажу, если даже мое Имя невыразимо на твоем языке? Сатаною назвал меня ты, и Я принимаю эту кличку, как принял бы и всякую другую: пусть Я – Сатана. Но мое истинное имя звучит совсем иначе, совсем иначе! Оно звучит необыкновенно, и Я никак не могу втиснуть его в твое узкое ухо, не разодрав его вместе с твоими мозгами: пусть Я – Сатана, и только.

И ты сам виноват в этом, мой друг: зачем в твоем разуме так мало понятий? Твой разум как нищенская сума, в которой только куски черствого хлеба, а здесь нужно больше, чем хлеб. Ты имеешь только два понятия о существовании: жизнь и смерть – как же Я объясню тебе третье? Все существование твое является чепухой только из-за того, что ты не имеешь этого третьего, и где же Я возьму его? Ныне Я человек, как и ты, в моей голове твои мозги, в моем рту мешкотно толкутся и колются углами твои кубические слова, и Я не могу рассказать тебе о Необыкновенном.

Если Я скажу, что чертей нет, Я обману тебя. Но если Я скажу, что они есть, Я также обману тебя... Видишь, как это трудно, какая это бессмыслица, мой друг! Но даже о моем вочеловечении, с которого десять дней назад началась моя земная жизнь, Я могу рассказать тебе очень мало понятного. Прежде всего забудь о твоих любимых волосатых, рогатых и крылатах чертях, которые дышат огнем, превращают в золото глиняные осколки, а старцев – в обольстительных юношей и, сделав все это и наболтав много пустяков, мгновенно проваливаются сквозь сцену, – и запомни: когда мы хотим прийти на твою землю, мы должны вочеловечиться. Почему это так, ты узнаешь после смерти, а пока запомни: Я сейчас человек, как и ты, от Меня пахнет не вонючим козлом, а недурными духами, и ты спокойно можешь пожать мою руку, нисколько не боясь оцарапаться о когти: Я их так же стригу, как и ты.

Но как это случилось? Очень... просто. Когда Я захотел прийти на землю, Я нашел одного подходящего, как помещение, тридцативосьмилетнего американца, мистера Генри Вандергуда, миллиардера, и убил его... конечно, ночью и без свидетелей. Но притянуть Меня к суду, несмотря на Мое сознание, ты все-таки не можешь, так как американец жив, и мы оба в одном почтительном поклоне приветствуем тебя: Я и Вандергуд. Он просто сдал мне пустое помещение, понимаешь – да и то не все, черт его побери! И вернуться обратно Я могу, к сожалению, лишь той дверью, которая и тебя ведет к свободе: через смерть.

Вот главное. Но в дальнейшем и ты можешь кое-что понять, хотя говорить о таких вещах твоими словами – все едино, что пытаться засунуть гору в жилетный карман или наперстком вычерпать Ниагару! Вообрази, что ты, дорогой мой царь природы, пожелал стать ближе к муравьям и силою чуда или волшебства сделался муравьем, настоящим крохотным муравьем, таскающим яйца, – и тогда ты немного почувствуешь ту пропасть, что отделяет Меня бывшего от настоящего... нет, еще хуже! Ты был звуком, а стал нотным значком на бумаге... Нет, еще хуже, еще хуже, и никакие сравнения не расскажут тебе о той страшной пропасти, дна которой Я еще сам не вижу. Или у нее совсем нет дна?

Подумай: Я двое суток, по выходе из Нью-Йорка, страдал морской болезнью! Это смешно для тебя, привыкшего валяться в собственных нечистотах? Ну, а Я – Я тоже валялся, но это не было смешно нисколько. Я только раз улыбнулся, когда подумал, что это не Я, а Вандергуд, и сказал:

– Качай, Вандергуд, качай!

...Есть еще один вопрос, на который ты ждешь ответа: зачем Я пришел на землю и решился на такой невыгодный обмен – из Сатаны, «всемогущего, бессмертного, повелителя и властелина», превратился в... тебя? Я устал искать слова, которых нет, и я отвечу тебе по-английски, французски, итальянски и немецки, на языках, которые мы оба с тобою хорошо понимаем: мне стало скучно... в аду, и Я пришел на землю, чтобы лгать и играть.

Что такое скука, тебе известно. Что такое ложь, ты хорошо знаешь, и об игре ты можешь несколько судить по твоим театрам и знаменитым актерам. Может быть, ты и сам играешь какую-нибудь маленькую вещичку в парламенте, дома или в церкви? – тогда ты кое-что поймешь и в чувстве наслаждения игрою. Если же ты вдобавок знаешь таблицу умножения, то помножь этот восторг и наслаждение игры на любую многозначную цифру, и тогда получится мое наслаждение, моя игра. Нет, еще больше! Вообрази, что ты океанская волна, которая вечно играет и живет только в игре, – вот эта, которую сейчас я вижу за стеклом и которая хочет поднять наш «Атлантик»... Впрочем, я опять ищу слов и сравнений!

Просто Я хочу играть. В настоящую минуту Я еще неведомый артист, скромный дебютант, но надеюсь стать знаменитым не менее твоего Гаррика или Ольриджа – когда сыграю, что хочу. Я горд, самолюбив и даже, пожалуй, тщеславен… ты ведь знаешь, что такое тщеславие, когда хочется похвалы и аплодисментов хотя бы дурака? Далее, Я дерзко думаю, что Я гениален, – Сатана известен своею дерзостью, – и вот вообрази, что мне надоел ад, где все эти волосатые и рогатые мошенники играют и лгут почти не хуже, чем Я, и что Мне недостаточно адских лавров, в которых Я проницательно усматриваю немало низкой лести и простого тупоумия. О тебе же, мой земной друг, я слыхал, что ты умен, довольно честен, в меру недоверчив, чуток к вопросам вечного искусства и настолько скверно играешь и лжешь сам, что способен высоко оценить чужую игру: ведь неспроста у тебя столько великих! Вот Я и пришел… понятно?

Моими подмостками будет земля, а ближайшей сценой Рим, куда я еду, этот «вечный» город, как его здесь называют с глубоким пониманием вечности и других простых вещей. Труппы определенной Я еще не имею (не хочешь ли и ты вступить в нее?), но верю, что Судьба или Случай, которому Я отныне подчинен, как и все ваше земное, оценит мои бескорыстные намерения и пошлет навстречу достойных партнеров… старая Европа так богата талантами! Верю, что и зрителей в этой Европе найду достаточно чутких, чтобы стоило перед ними красить рожу и мягкие адские туфли заменять тяжелыми котурнами. Признаться, раньше Я подумывал о Востоке, где уже не без успеха подвизались когда-то некоторые мои… соотечественники, но Восток слишком доверчив и склонен к балету, как и яду, его боги безобразны, он еще слишком воняет полосатым зверем, его тьма и огни варварски грубы и слишком ярки, чтобы такому тонкому артисту, как Я, стоило идти в этот тесный и вонючий балаган. Ах, мой друг, Я ведь так тщеславен, что и этот Дневник начинаю не без тайного намерения восхитить тебя… даже моим убожеством в качестве Искателя слов и сравнений. Надеюсь, что ты не воспользуешься моей откровенностью и не перестанешь мне верить?

Есть еще вопросы? О самой пьесе Я сам толком не знаю, ее сочинит тот же импресарио, что привлечет и актеров, – Судьба, – а Моя скромная роль для начала: человека, который так полюбил других людей, что хочет отдать им все – душу и деньги. Ты не забыл, конечно, что Я миллиардер? У Меня три миллиарда. Достаточно, не правда ли, для одного эффектного представления? Теперь еще одна подробность, чтобы закончить эту страницу.

Со Мною едет и разделит Мою судьбу некто Эрвин Топпи, Мой секретарь, личность весьма почтенная в своем черном сюртуке и цилиндре, с своим отвислым носом, похожим на незрелую грушу, и бритым пасторским лицом. Не удивлюсь, если в кармане у него найдут походный молитвенник. Мой Топпи явился на землю – оттуда, то есть из ада, и тем же способом, как и Я: он также вочеловечился, и, кажется, довольно удачно – бездельник совершенно нечувствителен к качке. Впрочем, даже для морской болезни нужен некоторый ум, а Мой Топпи глуп непроходимо – даже для земли. Кроме того, он груб и дает советы. Я уже несколько раскаиваюсь, что из богатого нашего запаса не выбрал для себя скотины получше, но Меня соблазнила его честность и некоторое знакомство с землею: как-то приятнее было пускаться в эту прогулку с бывалым товарищем. Когда-то – давно – он уже принимал человеческий образ и настолько проникся религиозными идеями, что – подумай! – вступил в монастырь братьев францисканцев, прожил там до седой старости и мирно скончался под именем брата Винцента. Его прах стал предметом поклонения для верующих, – недурная карьера для глупого Черта! – а сам он снова со Мною и уже нюхает, где пахнет ладаном: неискоренимая привычка! Ты его, наверное, полюбишь.

А теперь довольно. Пойди вон, мой друг. Я хочу быть один. Меня раздражает твое плоское отражение, которое Я вызвал на этой сцене, и Я хочу быть один, или только хоть с этим Вандергудом, который отдал Мне свое помещение и в чем-то мошеннически надул Меня. Море спокойно, Меня уже не тошнит, как в эти проклятые дни, но Я чего-то боюсь.

Я – боюсь! Кажется, Меня пугает эта темнота, которую они называют ночью и которая ложится над океаном: здесь еще светло от лампочек, но за тонким бортом лежит ужасная тьма, где совсем бессильны Мои глаза. Они и так ничего не стоят, эти глупейшие зеркала, умеющие только отражать, но в темноте они теряют и эту жалкую способность. Конечно, Я привыкну и к темноте, Я уже ко многому привык, но сейчас Мне нехорошо и страшно подумать, что только поворот ключа – и Меня охватит эта слепая, вечно готовая тьма. Откуда она?

И какие они храбрые с своими тусклыми зеркальцами, – ничего не видят и говорят просто: здесь темно, надо зажечь свет! Потом сами тушат и засыпают. Я с некоторым удивлением, правда холодноватым, рассматриваю этих храбрецов и... восхищаюсь. Или для страха нужен слишком большой ум, как у Меня? Ведь это не ты же такой трус, Вандергуд, ты всегда слыл человеком закаленным и бывалым!

Одной минуты в Моем вочеловечении Я не могу вспомнить без ужаса: когда Я впервые услыхал биение Моего сердца. Этот отчетливый, громкий, отсчитывающий звук, столько же говорящий о смерти, сколько и о жизни, поразил Меня неиспытанным страхом и волнением. Они всюду суют счетчики, но как могут они носить в своей груди этот счетчик, с быстротою фокусника спроваживающий секунды жизни?

В первое мгновение Я хотел закричать и немедленно ринуться вниз, пока еще не привык к жизни, но взглянул на Топпи: этот новорожденный дурак спокойно рукавом сюртука чистит свой цилиндр, Я захохотал и крикнул:

– Топпи! Щетку!

И мы чистились оба, а счетчик в Моей груди считал, сколько секунд это продолжалось, и, кажется, прибавил. Потом, впоследствии, слушая его назойливое тиканье, Я стал думать: «Не успею!» Что не успею? Я сам этого не знал, но целых два дня бешено торопился пить, есть, даже спать: ведь счетчик не дремлет, пока Я лежу неподвижной тушей и сплю!

Сейчас Я уже не тороплюсь. Я знаю, что Я успею, и Мои секунды кажутся Мне неистощимыми, но Мой счетчик чем-то взволнован и стучит, как пьяный солдат в барабан. А как, – эти маленькие секунды, которые он сейчас выбрасывает, – они считаются равными большим? Тогда это мошенничество. Я протестую, как честный гражданин Соединенных Штатов и коммерсант!

Мне нехорошо. Сейчас Я не оттолкнул бы и друга, вероятно, это хорошая вещь, друзья. Ах! Но во всей вселенной Я один!

7 февраля 1914 г. Рим, отель «Интернациональ»

Я каждый раз бешусь, когда Мне приходится брать палку полицейского и водворять порядок в Моей голове: факты направо! мысли налево! настроения назад! – дорогу его величеству Сознанию, которое еле ковыляет на своих костылях. Но нельзя – иначе бунт, шум, неразбериха и хаос. Итак – к порядку, джентльмены-факты и леди-мысли! Я начинаю.

Ночь. Темнота. Воздух вежлив и тепел, и чем-то пахнет. Топпи внюхивается с наслаждением, говоря, что это Италия. Наш стремительный поезд подходит уже к Риму, мы блаженствуем на мягких диванах, когда – крах! – и все летит к черту: поезд сошел с ума и сковырнулся. Сознаюсь без стыда, – Я не храбрец! – что Мною овладел ужас и почти беспамятство. Электричество погасло, и когда Я с трудом вылез из какого-то темного угла, куда Меня сбросило, Я совершенно забыл, где выход. Всюду стены, углы, что-то колется, бьется и молча лезет на Меня. И все в темноте! Вдруг под ногами труп, Я наступил прямо на лицо; уже потом Я узнал, что это был Мой лакей Джордж, убитый наповал. Я закричал, и здесь Мой неуязвимый Топпи выручил Меня: схватил Меня за руку и повлек к открытому окну, так как оба выхода были разбиты и загромождены обломками. Я выпрыгнул наземь, но Топпи что-то застрял там; Мои колена дрожали, дыхание выходило со стоном, но он все не показывался, и Я стал кричать.

Вдруг он высунулся из окна:

– Чего вы кричите? Я ищу наши шляпы и ваш портфель.

И действительно: скоро он подал Мне шляпу, а потом вылез и сам – в цилиндре и с портфелем. Я захохотал и крикнул:

– Человек! Ты забыл зонтик!

Но этот старый шут не понимал юмора и серьезно ответил:

– Я же не ношу зонтика. А вы знаете: наш Джордж убит и повар тоже.

Так эта падаль, которая не чувствует, как ступают по его лицу, – наш Джордж! Мною снова овладел страх, и вдруг Я услыхал стоны, дикие вопли, визг и крики, все голоса, какими вопит храбрец, когда он раздавлен: раньше Я был как глухой и ничего не слышал. Загорелись вагоны, появился огонь и дым, сильнее закричали раненые, и, не ожидая, пока жаркое поспеет, Я в беспамятстве бросился бежать в поле. Это была скачка!

К счастью, пологие холмы римской Кампаньи очень удобны для такого спорта, а Я оказался бегуном не из последних. Когда Я, задохнувшись, повалился на какой-то бугорок, уже не было ничего ни видно, ни слышно, и только далеко позади топал отставший Топпи. Но что это за ужасная вещь, сердце! Оно так лезло Мне в рот, что Я мог бы выплюнуть его. Корчась от удушья, Я прильнул лицом к самой земле – она была прохладная, твердая и спокойная, и здесь она понравилась Мне, и как будто она вернула Мне дыхание и вернула сердце на его место, Мне стало легче. И звезды в вышине были спокойны… Но чего им беспокоиться? Это их не касается. Они светят и празднуют, это их вечный бал. И на этом светлейшем балу Земля, одетая мраком, показалась Мне очаровательной незнакомкой в черной маске. (Нахожу, что это выражено недурно, и ты, Мой читатель, должен быть доволен: Мой стиль и манеры совершенствуются!)

Я поцеловал Топпи в темя – Я целую в темя тех, кого люблю, – и сказал:

– Ты очень хорошо вочеловечился, Топпи. Я тебя уважаю. Но что мы будем делать дальше? Это зарево огней – Рим? Далеко!

– Да, Рим, – подтвердил Топпи и поднял руку. – Вы слышите – свистят!

Оттуда неслись протяжные и стонущие свистки паровозов; они были тревожны.

– Свистят, – сказал Я и засмеялся.

– Свистят! – повторил Топпи, ухмыляясь, – он не умеет смеяться.

Но мне снова стало нехорошо. Озноб, странная тоска и дрожь в самом основании языка. Меня мутила эта падаль, которую я давил ногами, и Мне хотелось встряхнуться, как собаке после купанья. Пойми, ведь это был первый раз, когда Я видел и ощущал твой труп, мой дорогой читатель, и он Мне не понравился, извини. Почему он не возражал, когда Я ногой попирал его лицо? У Джорджа было молодое, красивое лицо, и он держался с достоинством. Подумай, что и в твое лицо вдавится тяжелая нога, – и ты будешь молчать?

К порядку! В Рим мы не пошли, а отправились искать ночлега у добрых людей поближе. Долго шли. Устали. Хотелось пить – ах, как хотелось пить! А теперь позволь тебе представить Моего нового друга, синьора Фому Магнуса и его прекрасную дочь Марию.

Вначале это было слабо мерцающим огоньком, который «зовет усталого путника». Вблизи это было маленьким уединенным домиком, еле сквозившим белыми стенами сквозь чащу высоких черных кипарисов и еще чего-то. Только в одном окне был свет, остальные закрыты ставнями. Каменная ограда, железная решетка, крепкие двери. И – молчание. На первый взгляд это было подозрительное что-то. Стучал Топпи – молчание. Долго стучал Я – молчание. И наконец суровый голос из-за железной двери спросил:

– Кто вы? Что надо?

Еле ворочая высохшим языком, Мой храбрый Топпи рассказал о катастрофе и нашем бегстве, он говорил долго, – и тогда лязгнул железный замок, и дверь открылась. Следуя за суровым и молчаливым незнакомцем, мы вошли в дом, прошли несколько темных и безмолвных комнат, поднялись по скрипящей лестнице и вошли в освещенное помещение, видимо, рабочую комнату незнакомца. Светло, много книг и одна, раскрытая, лежит на столе под низкой лампой с зеленым простым колпаком. Ее свет мы заметили в поле. Но Меня поразило безмолвие дома: несмотря на довольно ранний час, не слышно было ни шороха, ни голоса, ни звука.

– Садитесь.

Мы сели, и Топпи, изнемогая, снова начал свою повесть, но странный хозяин равнодушно перебил его:

– Да, катастрофа. Это часто бывает на наших дорогах. Много жертв?

Топпи залопотал, а хозяин, полуслушая его, вынул из кармана револьвер и спрятал в стол, небрежно пояснив:

– Здесь не совсем спокойная окраина. Что ж, милости просим, оставайтесь у меня.

Он впервые поднял свои темные, почти без блеска, большие и мрачные глаза и внимательно, как диковинку в музее, с ног до головы осмотрел Меня и Топпи. Это был наглый и неприличный взгляд, и Я поднялся с места.

– Боюсь, что мы здесь лишние, синьор, и…

Но он неторопливым и слегка насмешливым жестом остановил Меня.

– Пустое. Оставайтесь. Сейчас я дам вам вина и кое-что поесть. Прислуга приходит ко мне только днем, так что я сам буду вам прислуживать. Умойтесь и освежитесь, за этой дверью ванна, пока я достану вино. Вообще, не стесняйтесь.

Пока мы пили и ели, – правда, с жадностью, – этот неприветливый господин читал свою книгу с таким видом, словно никого не было в комнате и будто это не Топпи чавкал, а собака возилась над костью. Здесь Я хорошо рассмотрел его. Высокий, почти моего роста и склада, лицо бледное и как будто утомленное, черная смоляная, бандитская борода. Но лоб большой и умный и нос… как это назвать? – Вот Я снова ищу сравнений! – Нос как целая книга о большой, страстной, необыкновенной, притаившейся жизни. Красивый и сделанный тончайшим резцом не из мяса и хрящей, а… – как это сказать? – из мыслей и каких-то дерзких желаний. Видимо – тоже храбрец! Но особенно удивили Меня его руки: очень большие, очень белые и спокойные. Почему удивили, Я не знаю, но вдруг Я подумал: как хорошо, что не плавники! Как хорошо, что не щупальцы! Как хорошо и удивительно, что ровно десять пальцев; ровно десять тонких, злых, умных мошенников!

Я вежливо сказал:

– Благодарю вас, синьор…

– Меня зовут Магнус. Фома Магнус. Выпейте еще вина. Американцы?

Я ждал, чтобы Топпи по английскому обычаю представил Меня, и смотрел на Магнуса. Нужно было быть безграмотной скотиной и не читать ни одной английской, французской или итальянской газеты, чтобы не знать, кто Я?

– Мистер Генри Вандергуд из Иллинойса. Его секретарь, Эрвин Топпи, ваш покорнейший слуга. Да, граждане Соединенных Штатов.

Старый шут выговорил свою тираду не без гордости, и Магнус – да, – он слегка вздрогнул. Миллиарды, мой друг, миллиарды! Он долго и пристально посмотрел на Меня:

– М-р Вандергуд? Генри Вандергуд? Это не вы, сударь, тот американец, миллиардер, что хочет облагодетельствовать человечество своими миллиардами?

Я скромно мотнул головой:

– Уйес, Я.

Топпи мотнул головой и подтвердил… осел:

– Уйес, мы.

Магнус поклонился нам обоим и с дерзкой насмешливостью сказал:

– Человечество ждет вас, м-р Вандергуд. Судя по римским газетам, оно в полном нетерпении! Но мне надо извиниться за свой скромный ужин: я не знал…

С великолепной прямотой Я схватил его большую, странно горячую руку и крепко, по-американски, потряс ее:

– Оставьте, синьор Магнус! Прежде чем стать миллиардером, Я был свинопасом, а вы – прямой, честный и благородный джентльмен, которому Я с уважением жму руку. Черт возьми, еще ни одно человеческое лицо не будило во Мне… такой симпатии, как ваше!

Тогда Магнус сказал…

Ничего Магнус не сказал! Нет, Я не могу так: «Я сказал», «он сказал» – эта проклятая последовательность убивает Мое вдохновение, Я становлюсь посредственным романистом из бульварной газетки и лгу, как бездарность. Во Мне пять чувств, Я цельный человек, а толкую об одном слухе! А зрение? Поверь, оно не бездельничало. А это чувство земли, Италии, Моего существования, которое Я ощутил с новой и сладкой силой. Ты думаешь, Я только и делал, что слушал умного Фому Магнуса? Он говорит, а Я смотрю, понимаю, отвечаю, а сам думаю: как хорошо пахнет земля и трава в Кампанье! Еще Я старался вчувствоваться в весь этот дом (так говорят?), в его скрытые молчаливые комнаты; он казался Мне таинственным. А еще Я с каждой минутой все больше радовался, что Я жив, говорю, могу еще долго играть… и вдруг Мне стало нравиться, что Я – человек!

Помню, Я вдруг протянул Магнусу Мою визитную карточку: Генри Вандергуд. Он удивился и не понял, но вежливо положил карточку на стол, а Мне захотелось поцеловать его в темя: за эту вежливость, за то, что он человек, – и Я тоже человек. Еще Мне очень нравилась Моя нога в желтом ботинке, и Я незаметно покачивал ею: пусть покачается, прекрасная человеческая американская нога! Я был очень чувствителен в этот вечер! Мне даже захотелось раз заплакать: смотреть прямо в глаза собеседнику и на своих открытых, полных любви, добрых глазах выдавить две слезинки. Кажется, Я это и сделал, и в носу приятно кольнуло, как от лимонада. И на Магнуса Мои две слезинки, как Я заметил, произвели прекраснейшее впечатление.

Но Топпи!.. Пока Я переживал эту чудную поэму вочеловечения и слезился, как мох, он мертвецки спал за тем же столом, где сидел. Не слишком ли он вочеловечился? Я хотел рассердиться, но Магнус удержал Меня:

– Он переволновался и устал, м-р Вандергуд.

Впрочем, было уже позднее время. Мы уже два часа горячо говорили и спорили с Магнусом, когда это случилось с Топпи. Я отправил его в постель, и мы продолжали пить и говорить еще долго. Пил вино больше Я, а Магнус был сдержан, почти мрачен, и Мне все больше нравилось его суровое, временами даже злое и скрытное лицо. Он говорил:

– Я верю в ваш альтруистический порыв, м-р Вандергуд. Но я не верю, чтобы вы, человек умный, деловой и… несколько холодный, как мне кажется, могли возлагать какие-нибудь серьезные надежды на ваши деньги…

– Три миллиарда – огромная сила, Магнус!

– Да, три миллиарда – огромная сила, – согласился он спокойно и нехотя, – но что вы можете сделать с ними? Я засмеялся:

– Вы хотите сказать: что может сделать с ними этот невежда американец, этот бывший свинопас, который свиней знает лучше, нежели людей?..

– Одно знание помогает другому.

– Этот сумасбродный филантроп, которому золото бросилось в голову, как молоко кормилице? Да, конечно, что Я могу сделать? Еще один университет в Чикаго? Еще богадельню в Сан-Франциско? Еще одну гуманную исправительную тюрьму в Нью-Йорке?

– Последнее было бы истинным благодеянием для человечества. Не смотрите на меня так укоризненно, м-р Вандергуд: я нисколько не шучу, во мне вы не найдете той… беззаветной любви к людям, которая так ярко горит в вас.

Он дерзко насмехался надо Мною, а Мне было так его жаль: не любить людей! Несчастный Магнус, Я с таким удовольствием поцеловал бы его в темя! Не любить людей!

– Да, я их не люблю, – подтвердил Магнус. – Но я рад, что вы не собираетесь идти шаблонным путем всех американских филантропов. Ваши миллиарды…

– Три миллиарда, Магнус! На эти деньги можно создать новое государство…

– Да?!

– Или разрушить старое. На это золото, Магнус, можно сделать войну, революцию…

– Да?

Мне таки удалось поразить его: его большая белая рука слегка вздрогнула, и в темных глазах мелькнуло уважение: «А ты, Вандергуд, не так глуп, как я подумал вначале!» Он встал и, пройдя раз по комнате, остановился передо Мною и с насмешкой, резко спросил:

– А вы знаете точно, что нужно вашему человечеству: создание нового или разрушение старого государства? Война или мир? Революция или покой? Кто вы такой, м-р Вандергуд из Иллинойса, что беретесь решать эти вопросы? Я ошибся: стройте богадельню и университет в Чикаго, это… безопаснее.

Мне нравилась дерзость этого человечка! Я скромно опустил голову и сказал:

– Вы правы, синьор Магнус. Кто я такой, Генри Вандергуд, чтобы решать эти вопросы? Но Я их и не решаю. Я только ставлю их, Я ставлю и ищу ответа, ищу ответа и человека, который Мне его даст. Я неуч, невежда, Я не читал как следует ни одной книги, кроме гроссбуха, а здесь Я вижу книг достаточно. Вы мизантроп, Магнус, вы слишком европеец, чтобы не быть слегка и во всем разочарованным, а мы, молодая Америка, мы верим в людей. Человека надо делать! Вы в Европе плохие мастера и сделали плохого человека, мы – сделаем хорошего. Извиняюсь за резкость: пока Я, Генри Вандергуд! делал только свиней, и мои свиньи, скажу это с гордостью, имеют орденов и медалей не меньше, нежели фельдмаршал Мольтке, но теперь Я хочу делать людей…

Магнус усмехнулся:

– Вы алхимик от Евангелия, Вандергуд: берете свинец и хотите превращать в золото!

– Да, Я хочу делать золото и искать философский камень. Но разве он уже не найден? Он найден, только вы не умеете им пользоваться: это – любовь. Ах, Магнус, Я еще сам не знаю, что буду делать, но Мои замыслы широки и… величественны, сказал бы Я, если бы не эта ваша мизантропическая улыбка. Поверьте в человека, Магнус, и помогите Мне! Вы знаете, что нужно человеку.

Он холодно и угрюмо повторил:

– Ему нужны тюрьмы и эшафот.

Я воскликнул в негодовании (негодование Мне особенно удается):

– Вы клевещете на себя, Магнус! Я вижу, что вы пережили какое-то тяжелое горе, быть может, измену и…

– Остановитесь, Вандергуд! Я сам никогда не говорю о себе и не люблю, чтобы и другие говорили обо мне. Достаточно сказать, что за четыре года вы первый нарушаете мое одиночество, и то… благодаря случайности. Я не люблю людей.

– О! Простите, но Я не верю.

Магнус подошел к книжной полке и с выражением презрения и как бы гадливости взял в свою белую руку первый попавшийся том.

– А вы, не читавший книг, знаете, о чем эти книги? Только о зле, ошибках и страданиях человечества. Это слезы и кровь, Вандергуд! Смотрите: вот в этой тоненькой книжонке, которую я держу двумя пальцами, заключен целый океан красной человеческой крови, а если вы возьмете их все… И кто пролил эту кровь? Дьявол?

Я почувствовал себя польщенным и хотел поклониться, но он бросил книгу и гневно крикнул:

– Нет, сударь: человек! Ее пролил человек! Да, я читаю эти книги, но лишь для одного: чтобы научиться ненавидеть и презирать человека. Вы ваших свиней превратили в золото, да? А я уже вижу, как это золото снова превращается в свиней: они вас слопают, Вандергуд. Но я не хочу ни... лопать, ни лгать: выбросьте в море ваши деньги, или... стройте тюрьмы и эшафот. Вы честолюбивы, как все человеколюбцы? Тогда стройте эшафот. Вас будут уважать серьезные люди, а стадо назовет вас великим. Или вы, американец из Иллинойса, не хотите в Пантеон?

– Но, Магнус!..

– Кровь! Разве вы не видите, что кровь везде? Вот она уже на вашем сапоге...

Признаюсь, что при этих словах сумасшедшего, каким в ту минуту показался мне Магнус, Я с испугом дернул ногою, на которой лишь теперь заметил темное красноватое пятно... такая мерзость!

Магнус улыбнулся и, сразу овладев собою, продолжал холодно и почти равнодушно:

– Я вас невольно испугал, м-р Вандергуд? Пустяки, вероятно, вы наступили на... что-нибудь ногою. Это пустяки. Но этот разговор, которого я не вел уже много лет, слишком волнует меня и... Спокойной ночи, м-р Вандергуд. Завтра я буду иметь честь представить вас моей дочери, а сейчас позвольте...

И так далее. Одним словом, этот господин самым грубейшим образом отвел меня в мою комнату и чуть сам не уложил в постель. Я и не спорил: зачем? Надо сказать, что в эту минуту он Мне очень мало нравился. Мне было даже приятно, что он уходит, но вдруг у самой двери он обернулся и, сделав шаг, резко протянул ко Мне обе свои белые большие руки. И прошептал:

– Вы видите эти руки? На них кровь! Пусть кровь злодея, мучителя и тирана, но все та же красная человеческая кровь. Прощайт

...Он испортил Мне ночь. Клянусь вечным спасением, в этот вечер Я с удовольствием чувствовал себя человеком и расположился, как дома, в его тесной шкуре. Она всегда жмет мне под мышками. Я взял ее в магазине готового платья, а тут мне казалось, что она сшита на заказ у лучшего Портного! Я был чувствителен. Я был очень добр и мил, Мне очень хотелось поиграть, но Я вовсе не был склонен к такой тяжелой трагедии! Кровь! И нельзя же совать под нос полузнакомому джентльмену свои белые руки... у всех палачей очень белые руки!

Не думай, что Я шучу. Мне стало очень нехорошо. Если днем Я еще пока побеждаю Вандергуда, то каждую ночь он кладет Меня на обе лопатки. Это он заселяет темноту моих глаз своими глупейшими снами и перетрясает свой пыльный архив... и как безбожно глупы и бестолковы его сны! Всю ночь он хозяйничает во мне, как вернувшийся хозяин, перебирает брезгливо, что-то ищет, хнычет о порче и потерях, как скупец, кряхтит и ворочается, как собака, которой не спится на старой подстилке. Это он каждую ночь втягивает Меня, как мокрая глина, в глубину дряннейшей человечности, в которой Я задыхаюсь. Каждое утро, проснувшись, Я чувствую, что вандергудовская настойка человечности стала на десять градусов крепче… подумай: еще немного, и он просто выставит Меня за порог, – он, жалкий владелец пустого сарая, куда Я внес дыхание и душу!

Как торопливый вор, Я влез в чужое платье, карманы которого набиты векселями… Нет, еще хуже! Это не тесное платье, это низкая, темная и душная тюрьма, в которой Я занимаю места меньше, нежели солитер в желудке Вандергуда. Тебя с детства запрятали в твою тюрьму, мой дорогой читатель, и ты даже любишь ее, а Я… Я пришел из царства Свободы. И Я не хочу быть глистом Вандергуда: один глоток этого чудесного цианистого кали, и Я – снова свободен. Что скажешь тогда, негодяй Вандергуд? Ведь без Меня тебя тотчас слопают черви, ты лопнешь, ты расползешься по швам… мерзкая падаль! Не трогай Меня!

Но в эту ночь Я весь был во власти Вандергуда. Что Мне человеческая кровь! Что Мне эта жидкая условность ихней жизни! Но Вандергуд был взволнован сумасшедшим Магнусом. Вдруг Я чувствую, – подумай! – что весь Я полон крови, как бычий пузырь, и пузырь этот так тонок и непрочен, что его нельзя кольнуть. Кольни здесь – она польется, тронь там – она захлещет! Вдруг Мне стало страшно, что в этом доме Меня убьют: резнут по горлу и, держа за ноги, выпустят кровь.

Я лежал в темноте и все прислушивался, не идет ли Магнус с своими белыми руками? И чем тише было в этом проклятом домишке, тем страшнее Мне становилось, и Я ужасно сердился, что даже Топпи не храпит, как всегда. Потом у Меня начало болеть все тело, быть может, Я ушибся при катастрофе, не знаю, или устал от бега. Потом то же тело стало самым собачьим образом чесаться, и Я действовал даже ногами: появление веселого шута в трагедии!

Вдруг сон схватил Меня за ноги и быстро потащил книзу, Я не успел ахнуть. И подумай, какую глупость Я увидел, – ты видишь такие сны? Будто Я бутылка от шампанского с тонким горлышком и засмоленной головкой, но наполнен Я не вином, а кровью! И будто все люди – такие же бутылки с засмоленными головками, и все мы в ряд и друг на друге лежим на низком морском берегу. А оттуда идет Кто-то страшный и хочет нас разбить, и вот Я вижу, что это очень глупо, и хочу крикнуть: «Не надо разбивать, возьмите штопор и откупорьте!» Но у Меня нет голоса, Я бутылка. И вдруг идет убитый лакей Джорж, в руке у него огромный острый штопор, он что-то говорит и хватает меня за горлышко... ах, за горлышко!

Я проснулся с болью в темени: вероятно, он таки пытался Меня откупорить! Мой гнев был так велик, что я не улыбнулся, не вздохнул лишний раз и не пошевельнулся, – Я просто и спокойно еще раз убил Вандергуда. Я стиснул спокойно зубы, сделал глаза прямыми, спокойными, вытянул мое тело во всю длину – и спокойно застыл в сознании моего великого Я. Океан мог бы ринуться на Меня, и Я не шевельнул бы ресницей – довольно! Пойди вон, мой друг, Я хочу быть один.

И тело смолкло, обесцветилось, стало воздушным и снова пустым. Легкими стопами Я покинул его, и моему открытому взору предстало необыкновенное, то, что невыразимо на твоем языке, мой бедный друг! Насыть твое любопытство причудливым сном, который Я так доверчиво рассказал тебе, – и не расспрашивай дальше! Или тебе недостаточно «огромного, острого» штопора – но ведь это так... художественно!

Наутро Я был здоров, свеж, красив и жаждал игры, как только что загримированный актер. Конечно, Я не забыл побриться – этот каналья Вандергуд обрастает щетиной так же быстро, как его золотоносные свиньи. Я пожаловался на это Топпи, с которым мы, в ожидании еще не выходившего Магнуса, гуляли по садику, и Топпи, подумав, ответил, как философ:

– Да. Человек спит, а бородка у него растет и растет. Так надо для цирюльников!

Вышел Магнус. Он не стал приветливее вчерашнего, и бледное лицо его носило явные следы утомления, но был спокоен и вежлив. Какая днем у него черная борода! С холодной любезностью он пожал Мне руку и сказал (мы стояли на высокой каменной стене):

– Любуетесь римской Кампаньей, м-р Вандергуд? Прекрасное зрелище! Говорят, что Кампанья опасна своими лихорадками, но во мне она родит только одну лихорадку: лихорадку мысли!

По-видимому, Мой Вандергуд был довольно-таки равнодушен к природе, а Я еще не вошел во вкус земных ландшафтов: пустое поле показалось мне – просто пустым полем. Я вежливо окинул глазами пустырь и сказал:

– Люди больше меня интересуют, синьор Магнус.

Он внимательно посмотрел на меня своими темными глазами и, понизив голос, промолвил сухо и сдержанно:

– Два слова о людях, м-р Вандергуд. Сейчас вы увидите мою дочь, Марию. Это мои три миллиарда. Вы понимаете?

Я одобрительно кивнул головой.

– Но этого золота не родит ваша Калифорния и никакое иное место на нечистой земле. Это – золото небес. Я человек неверующий, но даже я – даже я, м-р Вандергуд! – испытываю сомнения, когда встречаю взор моей Марии. Вот единственные руки, в которые вы спокойно могли бы отдать ваши миллиарды.

Я старый холостяк, и Мне стало несколько страшно, но Магнус продолжал строго и даже торжественно:

– Но она их не возьмет, сударь! Ее нежные руки никогда не должны знать этой золотой грязи. Ее чистые глаза никогда не увидят иного зрелища, нежели эта безбрежная и безгрешная Кампанья. Здесь ее монастырь, м-р Вандергуд, и выход отсюда для нее только один: в неземное светлое царство, если только оно есть!

– Простите, но я этого не понимаю, дорогой Магнус! – радостно запротестовал Я. – Жизнь и люди…

Лицо Фомы Магнуса стало злым, как вчера, и с суровой насмешливостью он перебил Меня:

– А я прошу вас это понять, дорогой Вандергуд. Жизнь и люди не для Марии и… достаточно того, что я знаю жизнь и людей. Мой долг был предупредить вас, а теперь, – он снова принял тон холодной любезности, – прошу вас к моему столу. Мистер Топпи, прошу вас!

Мы уже начали кушать, болтая о пустяках, когда вошла Мария. Дверь, в которую она вошла, была за моею спиною, ее легкую поступь Я принял за шаги служанки, подававшей блюда, но Меня поразил носатый Топпи, сидевший напротив. Глаза его округлились, лицо покраснело, как от удушья, и по длинной шее волной проплыл кадык и нырнул где-то за тугим пасторским воротничком. Конечно, Я подумал, что он подавился рыбьей костью, и воскликнул:

– Топпи! Что с тобою? Выпей воды.

Но Магнус уже встал и холодно произнес:

– Моя дочь, Мария. Мистер Генри Вандергуд.

Я быстро обернулся и… Как Мне выразить ее, когда необыкновенное невыразимо? Это было более чем прекрасно – это было страшно в своей совершенной красоте. Я не хочу искать сравнений, возьми их сам. Возьми все, что ты видел и знаешь прекрасного на земле: лилию, звезды, солнце, но ко всему прибавь более. Но не это было страшно, а другое: таинственное и разительное сходство… с кем, черт возьми? Кого Я встречал на земле, кто был бы так же прекрасен – прекрасен и страшен – страшен и недоступен земному? Я знаю теперь весь твой архив, Вандергуд, и это не из твоей убогой галереи!

– Мадонна! – прохрипел сзади испуганный голос Топпи.

Так вот оно! Да, Мадонна, дурак прав, и Я, сам Сатана, понимаю его испуг. Мадонна, которую люди видят только в церквах, на картинах, в воображении верующих художников. Мария, имя которой звучит только в молитвах и песнопениях, небесная красота, милость, всепрощение и вселюбовь! Звезда морей! Тебе нравится это имя: звезда морей? Осмелься сказать: нет!..

И мне стало дьявольски смешно. Я сделал глубочайший поклон и чуть – заметь: чуть! – не сказал:

«Сударыня! Я извиняюсь за мое непрошеное вторжение, но Я никак не ожидал, что встречу вас здесь. Усерднейше извиняюсь, что Я никак не ожидал, что этот чернобородый чудак имеет честь называть вас своей дочерью. Тысячу раз прошу прощения, что…»

Довольно. Я сказал другое:

– Здравствуйте, синьорина. Очень приятно.

Ведь она же ничем не показала, что уже знакома со Мною? Инкогнито надо уважать, если хочешь быть джентльменом, и только негодяй осмелится сорвать маску с дамы! Тем более что отец ее, Фома Магнус, продолжает насмешливо угощать:

– Кушайте же, м-р Топпи. Вы ничего не пьете, м-р Вандергуд, вино превосходное.

В течение дальнейшего Я заметил:

1. что она дышит;

2. что она моргает;

3. что она кушает,

и что она красивая девушка лет восемнадцати, и что платье на ней белое, а шейка ее обнажена. Мне становилось все смешнее. Я бодро нес чепуху в черную бороду Магнуса, а сам кое-что соображал. Глядел на голую шейку и… Поверь, мой земной друг: Я вовсе не обольститель и не влюбчивый юнец, как твои любимые бесы, но Я еще далеко не стар, не дурен собою, имею независимое положение в свете и – разве тебе не нравится такая комбинация: Сатана – и Мария? Мария – и Сатана! В свидетельство серьезности моих намерений Я могу привести то, что в эти минуты Я больше думал о нашем с ней потомстве и искал имя для нашего первенца, нежели отдавался простой фривольности. Я не вертопрах!

Вдруг Топпи решительно двинул кадыком и хрипло осведомился:

– С вас кто-нибудь писал портрет, синьорина?

– Мария не позирует для художников! – сурово ответил за нее Магнус, и Я хотел засмеяться над глупым Топпи, и Я уже раскрыл рот с моими первоклассными американскими зубами, когда чистый взор Марии вошел в мои глаза, и все полетело к черту, – как тогда, при катастрофе! Понимаешь: она вывернула Меня наизнанку, как чулок… или как бы это сказать? Мой превосходный парижский костюм ушел внутрь, а Мои еще более превосходные мысли, которых, однако, Я не хотел бы сообщать даме, вдруг вылезли наружу. Со всем Моим тайным Я стал не больше скрыт, чем номер «Нью-Герольда» за пятнадцать центов.

Но она простила Меня и ничего не сказала, и ее взор, как прожектор, отправился дальше в темноту и осветил Топпи. Нет, здесь и ты бы засмеялся, увидев, как вспыхнули и озарились бедные внутренности этого старого глупого Черта… от молитвенника вплоть до рыбьей кости, которою он подавился!

К счастью для нас обоих, Магнус встал и пригласил нас в сад:

– Пройдемте в сад, – сказал он, – Мария покажет вам свои цветы.

Да, Мария! Но не жди от Меня песнопений, ты, поэт! Я был в бешенстве, как человек, у которого взломали его бюро. Я хотел смотреть на Марию, а вынужден был глядеть на эти дурацкие цветы – потому что не смел поднять глаз. Я джентльмен и не могу являться даме… без галстука! А когда ее взор настигал-таки мои бедные скромные мысли, мои милые маленькие мыслишки, как поджимали они хвост – свой маленький хвостик. Каким смирением проникался Я весь, и Мой талантливейший грим сползал с Меня неудержимо, как краска с потного актера. Ты любишь быть смиренным? Я – нет.

Не знаю, что говорила Мария. Но клянусь вечным спасением! – ее взор и весь ее необыкновенный образ был воплощением такого всеобъемлющего смысла, что всякое мудрое слово становилось бессмыслицей. Мудрость слов нужна только нищим духом, богатые же – безмолвны, заметь это, поэтик, мудрец и вечный болтун на всех перекрестках! Довольно с тебя, что Я унизился до слова.

Ах, но Я забыл о смирении моем! Это она ходила, а мы с Топпи ползали за ней, и Я ненавидел себя, ненавидел широкозадого Топпи за его позорный отвислый нос и вялые уши. Здесь нужен был по меньшей мере Аполлон, а не пара американцев, да и то из композиции.

Но как нам стало хорошо, когда Она ушла и мы остались только с Магнусом – Магнус, это так мило и просто! Топпи перестал религиозно гундосить, как заштатный пономарь, а Я заложил ногу за ногу, закурил сигару и к самому зрачку Магнуса приставил свой стальной и острый взгляд. Но что он встретил: пустоту или такую же стальную кирасу?

– Вам надо ехать в Рим, м-р Вандергуд, о вас, наверно, беспокоятся, – спокойно сказал любезный хозяин. Я сильнее нажал клинок.

– Но я могу послать Топпи…

Он улыбнулся с дерзкой насмешкой:

– Едва ли этого будет достаточно, м-р Вандергуд!

Я поискал глазами, где большая белая рука, чтобы дружески пожать ее, но рука была далеко и приблизиться не намеревалась. А все-таки Я поймал ее и пожал ее, и он должен был ответить пожатием!

– Хорошо, синьор Магнус, я сейчас уеду.

– Я уже послал за экипажем. Не правда ли, как хороша Кампанья при этом вечернем солнце?

Я еще раз вежливо осмотрел пустырь и с чувством подтвердил:

– Да, превосходна! Эрвин, мой друг, оставьте нас на минуту, мне надо сказать два слова синьору Магнусу...

Топпи вышел, а синьор Магнус сделал большие и совсем не радостные глаза. И, пробуя свою сталь, Я наклонился к его мрачному лицу и спросил:

– Вы не замечали, дорогой Магнус, некоторого, даже очень большого сходства вашей дочери, синьоры Марии, с одной... весьма известной особой? Вам не кажется, что она похожа – на Мадонну?

– Мадонну? – протянул Магнус так длинно, что всего меня обмотал этим словом. – Нет, дорогой Вандергуд, не замечал. Я не бываю в церкви. Но боюсь, что вам поздно будет ехать. Римская лихорадка...

Я опять поймал его белую руку и с дружеским остервенением потряс ее... нет, Я ее не оторвал! И на моих добрых глазах снова выступили те две слезинки:

– Будем говорить прямо, синьор Магнус. Я человек прямой, и Я полюбил вас. Хотите ехать со Мною и быть распорядителем моих миллиардов?

Магнус молчал. Рука его лежала неподвижно в моей руке, темные глаза опустились, и что-то темное, как они, прошло по бледному лицу и скрылось. Наконец он сказал серьезно и просто:

– Я вас понимаю, м-р Вандергуд... но я должен ответить вам отказом. Нет, я с вами не поеду. Я еще не сказал вам одной вещи, но ваша прямота и доверчивость понуждает меня к откровенности: я должен до известной степени скрываться от полиции...

– Римской? Мы ее купим.

– Нет, скорее... международной. Конечно, вы не думаете, что я свершил какое-нибудь позорное преступление?.. Да, да, хорошо. Но дело не в полиции, которую можно купить. Вы правы, м-р Вандергуд, что все люди продаются. Дело в том, что я не могу быть для вас полезен. Зачем я вам? Вы любите человечество – я его презираю, и в лучшем случае равнодушен. Пусть его живет и не мешает жить мне. Оставьте мне мою Марию, оставьте мне право и силу презирать людей, читая историю их жизни, оставьте мне эту Кампанью – и это все, чего я хочу... и на что я способен. Все масло во мне выгорело, Вандергуд: перед вами потухшая лампада на пустой стене, где когда-то… Прощайте.

– Я не прошу вас об откровенности, Магнус…

– Простите, но вы ее никогда и не получите, м-р Вандергуд. Мое имя вымышленно… но оно единственное, которое я могу предложить своим друзьям.

Скажу правду: в эту минуту «Фома Магнус» Мне понравился. Он говорил смело и просто, в его тяжелом лице читалось упрямство и воля. Этот человек знал, чего стоит человеческая жизнь, и имел вид осужденного на смерть, но гордого и непримиряющегося преступника, который уж не пойдет к попу за утешением! У Меня даже мелькнула догадка: у Моего Отца много побочных детей, лишенных наследства и праздно болтающихся по свету – не один ли из этих скитальцев и Фома Магнус? И неужели Я на этой земле встречу – брата? Очень интересно. Но и с чисто человеческой, деловой точки зрения нельзя не уважать человека, у которого руки в крови!

Я отсалютовал шпагой, переменил позицию и самым скромным образом попросил Магнуса разрешения изредка приезжать к нему за советом. Он несколько мгновений колебался, но потом очень прямо взглянул на Меня и выразил согласие.

– Хорошо, м-р Вандергуд, приезжайте. Я надеюсь услыхать от вас много интересного, что отчасти заменит мне мои книги. И м-р Топпи очень понравился моей Марии…

– Топпи?!

– Да. Она нашла в нем сходство с каким-то из святых; Мария часто посещает церковь, м-р Вандергуд.

Топпи – святой?! Или это походный молитвенник перевесил его широкий зад и рыбью кость в горле? А Магнус смотрел на Меня почти нежно, и лишь его тонкий нос слегка вздрагивал от сдержанного смеха… приятно, что за такой суровой внешностью скрывается столько тихого веселья!

Уже вечерело, когда мы уехали. Провожал нас только Магнус, Мария более не выходила. Белый домик за кипарисами был, как и вчера, тих и безмолвен, но теперь эта тишина показалась Мне иною: ею была душа Марии.

Скажу правду, Мне было грустно уезжать, но вскоре другие впечатления охватили и рассеяли Меня: начинался Рим. Через какой-то пролом в толстой стене мы въехали на освещенные людные улицы, и первое, что Я увидел в Вечном городе, был вагон трамвая, со скрипом и стоном пролезавший в ту же стену. Топпи, уже знакомый с Римом, блаженно внюхивался в каждую темную громаду церкви и своим длинным пальцем показывал Мне остатки старого Рима, влипшие в огромные и гладкие стены новых домов: как будто настоящее бомбардировали снарядами прошлого и они застряли в кирпиче.

Кое-где темнели целые кучи этого старья. Через низенький каменный парапет мы увидели какую-то темную неглубокую яму и толстые триумфальные ворота, до колен ушедшие в землю. «Форум!» – торжественно возгласил Топпи, и извозчик на козлах поспешно и одобрительно закивал головой в помятой шляпе. С каждой новой грудой старого кирпича и щебня мой чудак преисполнялся все большей важностью, а Я жалел о моем высоком Нью-Йорке и рассчитывал, сколько нужно обыкновенных мусорных телег, чтобы к утру вывезти вон весь старый Рим. Когда Я сказал об этом Топпи, он обиделся и угрюмо возразил:

– Вы ничего не понимаете. Лучше закройте глаза и только думайте, что вы в Риме.

Я так и сделал и еще раз убедился, что зрение большая помеха для ума, как и слух: недаром на земле мудрецы слепы, а лучшие музыканты глухи. В Мой нос, когда Я, подобно Топпи, стал внюхиваться в воздух, вошло гораздо больше Рима и его ужасно длинной и крайне занимательной истории: так старый гниющий лист в лесу пахнет сильнее и крепче, чем молодая зеленая листва. Поверишь ли: в одном месте Я ощутил явственный запах Нерона и крови? А когда Я в восторге открыл глаза, Я увидел обыкновенный газетный киоск и будку с лимонадом!

– Ну как? – проворчал Топпи, все еще недовольный.

– Пахнет.

– Ну да, конечно, пахнет! И с каждым часом будет пахнуть все сильнее: это старые, крепкие духи, м-р Вандергуд.

И точно: пахло все крепче и… – не могу найти сравнения! – все частицы Моего мозга зашевелились и тихо зажужжали, как пчелы, разбуженные дымом. Странно, но в архиве этого нелепого Вандергуда, кажется, есть и Рим: уж не отсюда ли он родом? По крайней мере, на какой то шумной площади Я ощутил явный запах родственников, а вскоре я получил твердое убеждение, что по этим улицам Я уже ходил когда-то сам. Уж не случалось ли Мне и раньше вочеловечиваться, как и Топпи? Все громче жужжали пчелы, весь мой улей гудел – и вдруг тысячи лиц, смуглых и белых, красивых и страшных, завертелись передо Мною, – вдруг тысячи тысяч голосов, шумов, криков, смеха и стонов оглушили Меня. Нет, это уже не был улей: это была огромная огненная кузница, в которой тяжкие молоты ковали оружие и разбрасывали красные искры. Железо!

Конечно, если Я уже раньше жил в Риме, то Я был одним из его императоров. Я помню выражение моего лица, Я помню движение моей голой шеи, когда Я поворачиваю голову и смотрю, Я помню прикосновение золотого венка к моему плешивому темени… Железо! Это шаги железных римских легионов, это их железный голос:

– Vivat Caesar!

Но мне становится все жарче. Я горю. Или я не был императором, а лишь одной из «жертв» пожара, когда горел Рим по великолепному замыслу Нерона? Нет, это не пожар – это костер, на котором стою Я. Слышу, как змейками шипят язычки огня у Моих ног. Помню, как, напрягаясь, вытягивается вперед Моя жилистая шея и в гортани нарастает последний крик проклятия… или благословения? Подумай: Я помню даже ту римскую рожу в первом ряду зрителей, которая еще тогда не давала Мне покоя своим идиотским выражением и сонными глазами: Меня жгут, а он спит!

– Отель «Интернациональ», – возгласил Топпи, и Я открыл глаза.

Мы поднимались в гору по тихой улице, и в конце ее сиял огнями огромный дом, достойный, пожалуй, даже Нью-Йорка: это был отель, в котором еще давно по телеграфу для Меня было заказано помещение. Вероятно, там считали нас погибшими при катастрофе. Мой костер погас, Мне стало весело, как негру, удравшему от работы, и Я шепнул Топпи:

– Ну, Топпи, а как… Мадонна?

– Д-да, интересно. Я сразу даже испугался и подавился…

– Костью? Ты глуп, Топпи: она вежлива и не узнала тебя, просто приняла тебя за одного из своих знакомых святых. Но как жаль, старина, что мы выбрали для себя такие унылые американские рожи: ведь, поискав хорошенько, мы могли бы вочеловечиться в красавцев!

– Я своею доволен, – угрюмо сказал Топпи и отвернулся, и на его уныло свисшем глянцевитом носу мелькнул отблеск тайного самодовольства… ах, Топпи! Ах, святой!

Но нас уже восторженно встречали.

14 февраля, Рим, отель «Интернациональ»

Я не хочу ехать к Магнусу, Я слишком много думаю о нем и о его Мадонне из мяса и костей. Я пришел сюда, чтобы весело лгать и играть, и Мне вовсе не нравится быть тем бездарным актериком, что горько плачет за кулисами, а на сцену выходит с сухими глазами, И просто Мне некогда разъезжать по пустырям и ловить там бабочек, как мальчику с сеткой!

Весь Рим шумит вокруг Меня. Я необыкновенный человек, который любит людей, и Я знаменит, ко Мне текут на поклонение не меньшие толпы, чем к самому наместнику Христа. Два Папы сразу... Да, счастливый Рим не может назваться сиротою! Сейчас Я живу в отеле, где все стонет от восторга, когда Я выставлю на ночь ботинки, но для Меня уже реставрируется и отделывается дворец: историческая вилла Орсини. Художники, скульпторы и поэты. Один мазилка уже пишет с Меня портрет, уверяя, что Я напоминаю ему одного из Меддичисов, остальные мазилки острят кисти, чтобы насмерть проткнуть его.

Я спрашиваю его:

– А вы можете написать Мадонну?

Конечно, он может. Это он, если синьор помнит, написал того знаменитого турка на коробке с сигарами, который известен даже в Америке. Если синьор желает... Теперь уже три мазилки пишут Мне Мадонну, остальные бегают по Риму и ищут оригинал, «натуру», как они выражаются. Одному я сказал с самым грубым, варварским, американским непониманием задач высокого искусства:

– Но если вы найдете такую натуру, синьор художник, то просто приведите ее ко мне. Зачем тратить краски и полотно?

Он даже скорчился от невыносимой боли и еле пробормотал:

– Ах, синьор!.. Натуру?!

Кажется, он принял Меня за торговца или покупателя «живого товара». Но, глупый, зачем Мне твое посредничество, за которое Я должен платить комиссионные, когда в Моих передних целая витрина римских красавиц? Они все обожают Меня. Им Я напоминаю Савонаролу, и каждый темный угол в гостиной с мягкой софой они стремятся немедленно превратить в... исповедальню. Мне нравится, что эти знатные дамы, как и художники, так хорошо знают отечественную историю и сразу догадываются, кто Я.

Радость римских газет, узнавших, что Я не погиб при катастрофе и не потерял ни ноги, ни миллиардов, равнялась радости иерусалимских газет в день неожиданного воскресения Христа... впрочем, у тех было меньше основания радоваться, насколько Я помню историю. Я боялся, что напомню журналистам Ю. Цезаря, но, к счастью, они мало думают о прошлом, и все ограничилось только Моим сходством с президентом Вильсоном... Мошенники, они льстили Моему американскому патриотизму! Однако большинству Я напоминаю пророка, но какого, они скромно умалчивают, во всяком случае только не Магомета: Мое отвращение к браку известно во всех телеграфных конторах.

Трудно представить ту дрянь, которой Я кормлю моих голодных интервьюеров. Как опытный свиновод, Я с ужасом смотрю на эту ядовитую бурду, но они едят – и живы, хотя это правда – не толстеют нисколько! Вчера, в чудесное утро, Я летал на аэроплане над Римом и Кампаньей… Ты хочешь спросить, видел ли я домик Марии? Нет. Я его не нашел: как можно найти песчинку среди других песчинок, хотя бы эта единственная песчинка и… Впрочем, Я и не искал: Мне просто было страшно на этой высоте.

Но Мои славные интервьюеры, перебиравшие внизу ногами от нетерпения, были поражены моим мужеством и хладнокровием. Один здоровенный и сердитый бородач, напомнивший Мне Ганнибала, первый овладел Мною и спросил:

– Не правда ли, м-р Вандергуд, – сознание, что вы парите в воздухе и завоевали эту непокорную стихию, наполнило вас чувством гордости за человека, который завоевал…

Он повторил сначала, чтобы Я лучше запомнил: они все, кажется, не особенно доверяют Моему уму и подсказывают приличные ответы. Но Я развел руками и горестно воскликнул:

– Представьте, синьор, нет! Я раз только испытал чувство гордости за человека, и это было… в уборной парохода «Атлантик».

– О!! В уборной! Но что же случилось? Буря, и вы были поражены гением человека, который завоевал…

– Особенного ничего не случилось. Но я был поражен гением человека, который из такой отвратительной необходимости, как уборная, сумел сделать истинный дворец!

– О?!

– Истинный храм, в котором вы первосвященник!

– Позвольте записать? Это такой… такое оригинальное освещение вопроса…

А сегодня это кушал весь Вечный город. И Меня не только не выслали из города, но как раз сегодня Мне были сделаны первые официальные визиты: что-то вроде министра, или посла, или другого придворного повара долго посыпало Меня сахаром и корицей, как пудинг. Сегодня же Я возвратил визиты: эти вещи неприятно задерживать у себя.

Надо ли говорить, что у Меня уже есть племянник? У каждого американца в Европе есть племянник, и Мой не хуже других. Его также зовут Вандергудом, он служит в каком-то посольстве, очень приличен, и его плешивое темя так напомажено, что мой поцелуй мог бы стать целым завтраком, если бы я любил пахучее сало. Но надо кое-чем и жертвовать, и особенно обонянием. Мне поцелуй не стоит ни цента, а молодому человеку он открыл широкий кредит на новые духи и мыло.

Но довольно! Когда Я смотрю на этих джентльменов и леди и припоминаю, что они были такими еще при дворе Ашурбанипала и что все две тысячи лет серебреники Иуды продолжают приносить проценты, как и его поцелуй, – Мне становится скучным участвовать в старой и заезженной пьесе. Ах, Я хочу великой игры, где само солнце было бы рампой, Я ищу свежести и таланта, Мне нужна красивая линия и смелый излом, а с этой труппой Я веселюсь не больше старого капельдинера. Или это только статисты? Но порою Мне начинает казаться, что решительно не стоило для этого предпринимать такое далекое путешествие и менять… старый пышный, красочный ад на его дряннейшую репродукцию. Как жаль, говоря правду, что Магнус и его Мадонна не хотят немного поиграть со Мною… мы бы поиграли немножко… совсем немного!

Лишь одно утро Мне удалось провести с интересом и даже в волнении. Какая-то «свободная» церковка, собрание очень серьезных дам и мужчин, желающих веровать по-своему, пригласила Меня прочесть воскресную проповедь. Я надел черный сюртук, в котором Я напоминаю… Топпи, и проделал перед зеркалом несколько особенно выразительных жестов и выражений лица, потом в автомобиле, как пророк-модерн, примчался в собрание. Темой Моей, или «текстом», было обращение Иисуса к богатому юноше с предложением раздать все свое имение нищим – и в полчаса, как дважды два четыре, Я доказал, что любовь к ближним наилучшее помещение для капитала. Как практичный и осторожный американец, Я указал, что нет надобности хвататься за целое Царство Небесное и сразу бросать весь капитал, а можно небольшими взносами и рассрочкой приобретать в нем участки – «сухой, на высокой горе, с дивным видом на окрестности». Лица верующих приобрели сосредоточенное выражение: видимо, они вычисляли – и сразу прояснились: Царство Божие на этих условиях приходилось каждому по карману. К несчастью, в собрании присутствовало несколько слишком сообразительных Моих соотечественников, и один уже поднялся, чтобы предложить акционерную компанию… целым фонтаном чувствительности Я с трудом загасил его религиозно-практический жар! О чем Я не говорил? Я ныл о моем грустном детстве, проведенном в труде и лишениях. Я завывал о Моем бедном отце, погибшем на спичечной фабрике, Я тихо скулил о всех моих братьях и сестрах во Христе, и здесь мы развели такое болото, что журналисты запаслись утками на полгода. Как мы плакали!

Дрожь прохватила Меня от сырости, и решительным жестом Я хватил в барабан моих миллиардов: дум-дум! Все для людей, ни одного цента себе: дум-дум! С наглостью, достойной палок, Я закончил «словами незабвенного Учителя»:

– Приидите ко Мне все труждающиеся и обремененные, и Я успокою вас!

Ах, как жаль, что Я лишен возможности творить чудеса! Маленькое и практическое чудо, вроде превращения воды в графинах в кисленькое кианти или нескольких слушателей в паштеты, было совсем не лишним в эту минуту… Ты смеешься или негодуешь, Мой земной читатель? Не надо ни того, ни другого. Помни, что необыкновенное невыразимо на твоем чревовещательском языке, и Мои слова только проклятая маска моих мыслей.

Мария!

О моем успехе прочти в газетах. Но один шут несколько испортил Мне настроение: это был член Армии Спасения, предложивший Мне немедленно взять трубу и вести Армию в бой… это были слишком дешевые лавры, и Я выгнал его и его Армию вон. Но Топпи!.. Всю дорогу домой он торжественно молчал и, наконец, сказал Мне угрюмо и почтительно:

– Сегодня вы были в большом ударе, м-р Вандергуд. Я даже заплакал. Жаль, что вас не слыхал Магнус и его дочь… та, понимаете? Она изменила бы о нас свое мнение.

Ты понимаешь, что Мне искренне захотелось выбросить неудачного поклонника из кареты! Я снова почувствовал в своем зрачке всепроникающий взгляд Ее очей – и буфетчик в баре не открывает так быстро коробку с консервами, как снова Я был вскрыт, разложен на тарелке и предложен вниманию всей публики, наполнявшей улицу. Я нахлобучил цилиндр, поднял воротник и, напоминая с треском провалившегося трагика, молча, не отвечая на поклоны, удалился в свои апартаменты. Как я мог отвечать на поклоны, когда со Мною не было трости?

Я отклонил все сегодняшние приглашения и вечер сижу дома: Я «занят религиозными размышлениями, – так придумал сам Топпи, начавший, кажется, уважать Меня. Передо мною виски и шампанское. Я неторопливо нализываюсь и слушаю отдаленную музыку из обеденного зала, там сегодня какой-то знаменитый концерт. По-видимому, Мой Вандергуд был изрядным пьяницей и каждый вечер тащит Меня в кабак, на что Я соглашаюсь. Не все ли равно?

К счастью, его хмель веселого свойства, а не мрачного, и мы проводим часы недурно.

Сперва мы тупыми глазами осматриваем обстановку и нехотя соображаем, сколько все это – бронза, ковры, венецианские зеркала и прочее – может стоить? Пустяки! – решаем мы и самодовольно погружаемся в созерцание наших миллиардов, нашей силы и нашего замечательного ума и характера. С каждой рюмкой наше блаженство все полнее и ярче. С наслаждением мы купаемся в дешевой роскоши отеля, и

– подумай! – Я уже действительно начинаю любить бронзу, ковры, стекло и камни. Мой пуританин Топпи осуждает роскошь, она напоминает ему Содом и Гоморру, но Мне уже трудно было бы расстаться с этими маленькими чувственными удовольствиями… как глупо, подумай!

Дальше мы тупо и самодовольно слушаем музыку и не в тон подпеваем незнакомым вещам. Маленькое назидательное размышление о декольте дам, если они есть, и слишком твердыми ногами мы наконец идем в опочивальню. Но что иногда случается со Мною?

Вот сейчас… мы уже собирались спать, как вдруг какой-то неосторожный удар смычка, и Я мгновенно весь наполняюсь вихрем бурных слез, любви и какой тоски! Необыкновенное становится выразимым, Я широк, как пространство, Я глубок, как вечность, и в едином дыхании Моем Я вмещаю все! Но какая тоска! Но какая любовь! Мария!

Но ведь Я только подземное озеро в животе Вандергуда, и Мои бури нисколько не колеблют его твердой поступи. Но ведь Я лишь солитер в его желудке, от которого он тщетно ищет лекарства! Мы звоним и приказываем камерьере:

– Соды!

Я просто пьян. А риведерчи, синьор, буона нотте![1]

18 февраля 1914 г. Рим, отель «Интернациональ»

Вчера я был у Магнуса. Он довольно-таки долго заставил Меня ждать в саду и вышел с таким видом холодного равнодушия, что Мне сразу захотелось уехать. В черной бороде я заметил несколько седых волос, которых не видел раньше. Или Мария нездорова? Я обеспокоился. Здесь все так непрочно, что, расставшись с человеком на час, можешь потом разыскивать его в вечности.

– Мария здорова, благодарю вас, – холодно ответил Магнус, и в глазах его мелькнуло удивление, как будто Мой вопрос был дерзостью или неприличием. – А как ваши дела, м-р Вандергуд? Римские газеты полны вами, вы имеете успех.

С горечью, усиленной отсутствием Марии, Я поведал Магнусу о Моем разочаровании и скуке. Я говорил недурно, не без сарказма и остроумия: Меня все более раздражали невнимание и скука, всеми буквами написанные на утомленном и бледном лице Магнуса. Он ни разу не

---

[1] До свидания, синьор, покойной ночи! (ит. - A rivederci, sighore, buona notte!)

улыбнулся, не переспросил Меня, а когда Я дошел до Моего «племянника» Вандергуда, он брезгливо поморщился и нехотя вымолвил: – Фи! Но ведь это простой фарс из «Варьете». Как вы можете заниматься такими пустяками, м-р Вандергуд?

Я горячо возразил:

– Но ведь это не Я занимаюсь, синьор Магнус!

– А интервьюеры? А этот ваш полет? Вы должны их гнать, м-р Вандергуд, это унижает… ваши три миллиарда. Это правда, что вы читали какую-то проповедь?

Воодушевление игры покинуло Меня. Нехотя, как нехотя слушал Магнус, Я рассказал ему о проповеди и этих серьезно верующих, которые глотают кощунство, как мармелад.

– А разве вы ожидали чего-нибудь другого, м-р Вандергуд?

– Я ожидал, что меня побьют палками за наглость. Когда Я кощунственно пародировал эти красивые слова Евангелия…

– Да, это красивые слова, – согласился Магнус. – Но разве вы до сих пор не знали, что всякое богослужение и всякая ихняя вера кощунство? Если простая облатка у них называется телом Христовым, а какой-нибудь Сикст или Пий спокойно и с доброго согласия всех католиков зовет себя Наместником Христа, то отчего же и вам, американцу из Иллинойса, не быть его… хотя бы губернатором? Это не кощунство, м-р Вандергуд, это просто аллегории, необходимые для грубых голов, и вы напрасно расточаете ваш гнев. Но когда же вы приступите к делу?

С хорошо сделанной грустью Я развел руками:

– Я хочу делать, но Я не знаю, что делать. Вероятно, не приступлю до тех пор, пока вы, Магнус, не решитесь оказать мне помощь.

Он хмуро взглянул на свои большие, неподвижные, белые руки, потом на Меня:

– Вы слишком доверчивы, м-р Вандергуд, это большой недостаток… при трех миллиардах. Нет, я для вас не гожусь. У нас разные дороги.

– Но, дорогой Магнус!..

Мне показалось, что он ударит Меня за это нежнейшее «дорогой», которое Я пропел наилучшим фальцетом. Но раз дело доходит до бокса, то отчего не говорить дальше? Со всею сладостью, какая скопилась у Меня в Риме, Я посмотрел на хмурую физиономию Моего друга и еще более нежным фальцетом пропел:

– А какой вы национальности, дорогой… синьор Магнус? Мне почему-то кажется, что вы не итальянец.

Он равнодушно ответил:

– Да, я не итальянец.

– Но ваше отечество…

– Мое отечество?.. omne solum liberum libero patria. – Вы, вероятно, не знаете латыни? Это значит, м-р Вандергуд: всякая свобода – отечество для свободного человека. Не хотите ли позавтракать со мною?

Приглашение было сделано таким ледяным тоном и отсутствие Марии было так густо подчеркнуто, что Я был вынужден вежливо отказаться. Черт его возьми, этого человечка!

Мне было вовсе не весело в то утро. Мне искренне хотелось дружески поплакать в его жилет, а он на корню сушил все Мои благородные порывы. Вздохнув и сделав лицо содержательным, как уголовный роман, Я перешел на другую роль, приготовленную, собственно, для Марии, – понизив голос, Я сказал:

– Хочу быть откровенным с вами, синьор Магнус. В Моем… прошлом есть темные страницы, которые я хотел бы искупить. Я…

Он быстро перебил Меня:

– Во всяком прошлом есть темные страницы, м-р Вандергуд, и я сам не настолько безупречен, чтобы принять исповедь такого достойного джентльмена. Я плохой духовник, – добавил он с самой неприятной усмешкой, – я не прощаю кающихся, а при этом условии где же сладость исповеди? Лучше расскажите мне что-нибудь еще о… вашем племяннике. Он молод?

Мы поговорили о племяннике, и Магнус вежливо улыбался. Потом мы помолчали. Потом Магнус спросил, был ли Я в Ватиканской галерее, – и Я откланялся, передав мой привет синьорине Марии. Признаться, Я имел довольно жалкий вид и почувствовал живейшую благодарность к Магнусу, когда он сказал на прощанье:

– Не сердитесь на меня, м-р Вандергуд. Я несколько нездоров сегодня и… немного озабочен своими делами. Просто некоторый припадок мизантропии. В другой раз надеюсь быть более приятным собеседником, а за сегодняшнее утро извините. Я передам ваш привет Марии.

Если этот чернобородый молодец играл, то надо признаться, Я нашел достойного партнера! Дюжина негритянских ребят не могла бы слизать с Моего лица той патоки, которую вызвало на нем одно только скупое обещание Магнуса – передать мой привет Марии. До самого отеля Я идиотски улыбался кожаной спине моего шофера и осчастливил Топпи поцелуем в темя; каналья все еще пахнет мехом, как молодой чертенок!

– Вижу, что вы съездили недаром, – многозначительно сказал Топпи. – Как поживает та… дочь Магнуса, вы понимаете?

– Прекрасно, Топпи, прекрасно. Она нашла, что я напоминаю красотой и мудростью царя Соломона!

Топпи благосклонно ухмыльнулся на мою неудачную остроту, а с Меня сразу сползла вся патока, и сахар заменился уксусом и желчью. Я заперся у себя и на долгое время предался холодному гневу на Сатану, который влюбляется в женщину.

Когда ты влюбляешься в женщину, Мой земной товарищ, и тебя начинает трясти лихорадка любви, ты считаешь себя оригинальным? А Я нет. Я вижу все легионы пар, начиная с Адама и Евы, Я вижу их поцелуи и ласки, слышу их слова, проклятые проклятием однообразия, и Мне становится ненавистным Мой рот, смеющий шептать чужие шепоты, Мои глаза, повторяющие чужие взоры, Мое сердце, покорно поддающееся дешевому заводному ключу. Я вижу всех спарившихся животных в их мычании и ласках, проклятых проклятием однообразия, и Мне становится омерзительной эта податливая масса Моих костей, мяса и нервов, это проклятое тесто для всех. Берегись, Вочеловечившийся, на Тебя надвигается обман!

Не хочешь ли взять себе Марию, земной товарищ? Возьми ее. Она твоя, а не Моя. Ах, если бы Мария была Моей рабыней, Я надел бы ей веревку на шею и, нагую, вывел бы на базар: кто покупает? Кто даст Мне больше за неземную красоту? Ах, не обижайте бедного слепого торговца: шире раскрывайте кошельки, громче звените золотом, щедрые господа!..

Что, она не хочет идти? Не бойся, господин, она пойдет и будет любить тебя… это просто девичий стыд, господин!

Вот Я подстегну ее этим концом веревки – хочешь, Я доведу ее до твоей опочивальни, до самого твоего ложа, добрый господин? Возьми ее с веревкой, веревку Я отдаю даром, но избавь Меня от небесной красоты! У нее лицо пресветлой Мадонны, она дочь почтеннейшего Фомы Магнуса, и они оба украли: один свое имя и белые руки, другая – свой пречистый лик! Ах!..

Но, кажется, Я начинаю играть уже с тобой, Мой дорогой читатель? Это ошибка: Я просто взял не ту тетрадку. Нет, это не ошибка, это хуже. Я играю оттого, что мое одиночество очень велико, очень глубоко, – боюсь, что оно не имеет дна совсем! Я становлюсь на край пропасти и бросаю туда слова, множество тяжелых слов, но они падают без звука. Я бросаю туда смех, угрозы и рыдания. Я плюю в нее, Я свергаю в нее груды камней, глыбы утесов, Я низвергаю в нее горы – а там все пусто и глухо. Нет, положительно, у этой пропасти нет дна, товарищ, и мы напрасно трудимся с тобою и потеем!

…Но я вижу твою улыбку и твое хитрое подмаргиванье: ты понял, почему Я так кисло заговорил об одиночестве… ах, эта любовь! И ты хочешь спросить: есть ли у меня любовницы?

Есть. Две. Одна русская графиня, другая итальянская графиня. Они различаются духами, но это такая несущественная разница, что Я одинаково люблю обеих.

Ты еще хочешь спросить, поеду ли Я к Фоме Магнусу?

Да, Я поеду к Фоме Магнусу, Я очень люблю его. Это пустяки, что у него вымышленное имя и что дочь его имеет дерзость походить на Мадонну. Я сам недостаточно Вандергуд, для того чтобы быть особенно придирчивым к именам, – и Я сам слишком вочеловечился, чтобы не простить другому попытки обожествиться.

Клянусь вечным спасением, одно вполне стоит другого!

1 февраля 1914 г. Рим, вилла Орсини

Меня посетил кардинал X., ближайший друг и наперсник папы и, как говорят, его наиболее вероятный преемник. Его сопровождали два аббата, и, вообще, это очень важная особа, визит которой приносит Мне немалую честь.

Я встретил его преосвященство в приемной Моего нового дворца и успел заметить, как нырял Топпи под руками священников и кардинала, срывая благословения быстрее, чем ловелас поцелуи у красоток. Шесть благочестивых рук едва успевали справиться с одним Чертом, которым овладело благочестие, и уже на пороге в Мой кабинет он еще раз успел ткнуться в живот кардиналу. Экстаз!

Кардинал X. говорит на всех европейских языках и, из уважения к звездному флагу и миллиардам, наш разговор вел по-английски. Начался разговор с того, что его преосвященство поздравил Меня с приобретением виллы Орсини, во всех подробностях за двести лет рассказал Мне историю Моего жилища. Это было неожиданно, очень длинно, местами не совсем понятно и заставило Меня, как истинного американского осла, уныло хлопать ушами… но зато Я хорошо рассмотрел Моего важного и слишком ученого посетителя.

Он еще совсем не стар, широк в плечах, приземист и, видимо, вообще крепкого телосложения и здоровья. Лицо у него крупное и почти квадратное; слегка оливковый цвет и густая синева на бритых местах, такие же смуглые, но очень тонкие и красивые руки свидетельствуют о его испанской крови, – до того, как посвятить себя Богу, кардинал X. был испанским грандом и герцогом. Но черные глаза очень малы и слишком глубоко посажены под густые брови, но расстояние между коротким носом и тонкими губами слишком велико… и Мне это напоминает кого-то. Но кого? И что это за странная манера непременно кого-нибудь напоминать? Какого-нибудь святого, конечно?

На мгновение кардинал задумался, и вдруг Я ясно вспомнил: да это просто старая бритая обезьяна! Это ее торжественно-печальная бездонная задумчивость, это ее злой огонек в узеньком зрачке! Но уже в следующее мгновение кардинал смеялся, играл лицом и жестами, как неаполитанский лаццароне, – он не рассказывал Мне историю дворца, он играл, он представлял ее в лицах и драматических монологах! У него короткие, совсем не обезьяньи ручки, и, когда он взмахивает ими, он похож скорее на пингвина, а голос его напоминает говорящего попугая, – кто же ты, наконец?

Нет, обезьяна! Вот он снова засмеялся, и Я вижу, что он не умеет смеяться. Словно только вчера он научился этому человеческому искусству, очень любит смех, но каждый раз с трудом находит его в своей неприспособленной гортани, давится звуками, кудахтает, почти стонет. Нельзя не вторить этому странному смеху, он заразителен, но уже скоро начинает ломить челюсти, зубы и мускулы деревенеют.

Это было замечательно, Я положительно увлекся созерцанием, когда кардинал Х. внезапно оборвал свою лекцию о вилле Орсини припадком стонущего смеха и спокойно замолчал. Перебирал четки тонкими пальцами, спокойно молчал и смотрел на Меня с выражением глубочайшей преданности и нежнейшей любви: что-то вроде слез засветилось в его черных глазках – так Я ему нравился, так он любил Меня! Сбитый с мыслей внезапной остановкой, когда поезд гнал под уклон, Я тоже молчал и – что же делать! – также нежно смотрел на его квадратное обезьянье лицо. Нежность переходила в любовь, любовь становилась страстью, а мы все молчали… еще мгновение, и мы задушим друг друга в объятьях!

– Вот вы и в Риме, м-р Вандергуд, – сладко пропела старая обезьяна, не меняя своего любовного взора.

– Вот я и в Риме, – покорно согласился Я, продолжая смотреть с тою же греховной страстью.

– А вы знаете, м-р Вандергуд, зачем я к вам приехал? – кроме, конечно, удовольствия познакомиться и т. д.?

Я подумал и с тем же пылким взглядом ответил:

– За деньгами, ваше преосвященство?

Кардинал коротко взмахнул крылышками, засмеялся, похлопал себя по коленке и снова застыл в любовном созерцании Моего носа. Это немое обожание, на которое Я отвечал удвоенной страстью, начало приводить Меня в очень странное состояние. Я нарочно рассказываю тебе так подробно, чтобы ты понял Мое желание в эту минуту пойти колесом, запеть петухом, рассказать наилучший арканзасский анекдот или попросту предложить его преосвященству снять сутану и дружески поиграть в чехарду!

– Ваше преосвященство…

– Я очень люблю американцев, м-р Вандергуд.

– Ваше преосвященство! В Арканзасе рассказывают...

– Но вы хотите скорее к делу? Я понимаю ваше нетерпение – денежные дела любят поспешность, не так ли?

– Смотря по тому, на каком стуле вы сидите, ваше преосвященство.

Квадратное лицо кардинала стало серьезным, и в глазах мелькнул любовный укор:

– Не гневайтесь на мое увлечение, м-р Вандергуд. Я так люблю историю нашего великого города, что не мог отказать себе в удовольствии... Разве то, что вы видите теперь, есть Рим? Рима нет, м-р Вандергуд. Когда-то это было вечным городом, а теперь это лишь большой город, и чем он больше, тем он дальше от вечности. Где тот великий Дух, который осенял его?

Я не стану передавать тебе всей болтовни фиолетового попугая, его нежно-каннибальских взглядов, кривляний и смеха. Вот что сказала Мне старая бритая обезьяна, когда наконец угомонилась:

– Ваше несчастье в том, м-р Вандергуд, что вы слишком любите людей...

– Возлюби ближнего...

– Ну и пусть ближние любят друг друга, учите их этому, внушайте, приказывайте, но зачем это вам? Когда слишком любят, то не замечают недостатков любимого предмета, и еще хуже: их охотно возводят в достоинства. Как же вы будете исправлять людей, делать их счастливыми, не зная их недостатков, пороки принимая за добродетели? Когда любят, то и жалеют, а жалость убивает силу. Видите, я вполне откровенен с вами, м-р Вандергуд, и еще раз скажу: любовь – это бессилие. Любовь вытащит у вас деньги из кармана и потратит их... на румяна! Предоставьте тем, кто на низу, любить друг друга, требуйте от них этого, но вы, вознесенный так высоко, одаренный таким могуществом!..

– Но что же мне делать, ваше преосвященство? Я теряюсь. С детства, и именно в церкви, мне твердили о необходимости любви, я поверил, и вот...

Кардинал задумался. Как и смех, задумчивость приходила к нему внезапно и сразу делала его квадратное лицо немым, скорбно-унылым и немного наивно-торжественным. Выпятив вперед и склеив свои тонкие губы, опершись подбородком на ладонь, он неподвижно уставил на Меня свои острые запавшие глаза, и в них была печаль. Он словно ждал окончания моей фразы и, не дождавшись, вздохнул и замигал глазами.

– Детство, да... – пробормотал он, все так же печально моргая, – дети, да. Но ведь теперь вы не дитя? Забудьте, вот и все. Чудесный дар забвения, знаете?

Он слегка оскалил белые зубы и многозначительно почесал нос тонким пальцем. И продолжал серьезно:

– Но это все равно, м-р Вандергуд, вы сами ничего сделать не можете… да, да! Надо знать людей, чтобы сделать их счастливыми, – ведь это ваша благородная задача? – а знает людей только Церковь. Она мать и воспитательница я течение многих тысяч лет, и ее опыт единственный и, могу сказать, непогрешимый. Насколько я знаком с вашей жизнью, вы опытный скотовод, м-р Вандергуд? И, конечно, вы знаете, что такое опыт даже по отношению к таким несложным существам, как…

– Как свиньи.

Он испуганно мигнул на Меня глазами – и вдруг залаял, закудахтал, завыл: это он смеялся.

– Свиньи? Это очень хорошо, это великолепно, м-р Вандергуд, но не забудьте, что в них иногда вселяются бесы!

Покончив с своим смехом, он продолжал:

– Уча, мы учимся сами. Я не скажу, чтобы все методы воспитания и исправления, которые применяла Церковь, были одинаково удачны. Нет, мы часто ошибались, но каждая наша ошибка вела к упорядочению наших приемов… Мы совершенствуемся, м-р Вандергуд, мы совершенствуемся!

Я намекнул на быстрый рост рационализма, который в самом близком будущем грозит гибелью «усовершенствованной» церкви, но кардинал X. снова замахал короткими обрубками крыльев и положительно завыл от смеха:

– Рационализм! Да у вас несомненный талант юмориста, м-р Вандергуд! Скажите, известный Марк Твен не ваш ли соотечественник?.. Да, да! Рационализм! А вы припоминаете, от какого слова это происходит и что значит ratio? An nescis, mi fili, quantilla sapientia regitur orbis?[2] Ах, дорогой Вандергуд, говорить на этой земле о рацио еще более неуместно, нежели упоминать о веревке в доме повешенного!

Я смотрел на эту старую обезьяну, как она веселилась, и мне самому становилось весело. Я вглядывался в эту смесь мартышки, говорящего попугая, пингвина, лисицы, волка,– и что еще там есть? – и Мне самому стало смешно: Я люблю веселых самоубийц. Мы еще долго потешались над несчастным рацио, пока его преосвященство не успокоился и не перешел в наставительный тон:

– Как антисемитизм есть социализм дураков…

– А вы знакомы и?..

---

2 …разум? Разве ты не знаешь, сын мой, сколь мала мудрость, царящая в мире? (лат.)

– Ведь мы же совершенствуемся!.. так и рационализм есть ум глупцов. Только безнадежный глупец останавливается на рацио, а умный идет дальше. Да и для отпетого глупца его рацио лишь праздничное платье, этот всеобщий пиджак, который он надевает для людей, а живет он, спит, работает, любит и умирает, воя от ужаса, без всякого рацио. Вы боитесь смерти, м-р Вандергуд?

Мне не хотелось отвечать, и Я промолчал.

– Напрасно стесняетесь, м-р Вандергуд: ее и следует бояться. А пока есть смерть…

Вдруг лицо бритой обезьяны стало плаксивым и в глазах выразились ужас и злоба: точно кто-нибудь схватил ее за шиворот и сразу бросил назад, в глушь, тьму и ужас первобытного леса. Он боялся смерти, и страх его был темен, зол и безграничен. И Мне не надо было слов и доказательств: достаточно было только взглянуть на это искаженное, помутневшее, потерянное лицо человека, чтобы низко и всеподданнейше поклониться Великому Иррациональному. Но какова сила ихней стадности: мой Вандергуд также побледнел и скорчился… ах, мошенник! Теперь он просил защиты и помощи у Меня!

– Не хотите ли вина, ваше преосвященство?

Но преосвященство уже опомнилось. Оно скривило тонкие губы в улыбку и отрицательно помотало головой – по виду тяжеловатой таки. И вдруг воспрянуло с неожиданной силой:

– И пока есть смерть, Церковь незыблема! Качайте ее все, подкапывайтесь, валите, взрывайте – вам ее не повалить. А если бы это и случилось, то первыми под развалинами погибнете вы. Кто тогда защитит вас от смерти? Кто тогда даст вам сладкую веру в бессмертие, в вечную жизнь, в вечное блаженство?.. Поверьте, м-р Вандергуд, мир вовсе, вовсе не хочет вашего рацио, это недоразумение!

– А чего же он хочет, ваше преосвященство?

– Чего он хочет? Mundus vult decipi… Вы знаете нашу латынь? Мир хочет быть обманут!

И старая обезьяна снова развеселилась, замигала, закривлялась, ударила себя по коленям и захлебнулась в стонущем смехе. Я тоже засмеялся: так потешен был этот старый шулер, раскладывающий пасьянс краплеными картами.

– И именно вы, – сказал Я, смеясь, – и хотите обмануть его?

Кардинал X. стал снова серьезен и печально сказал:

– Святой престол нуждается в деньгах, м-р Вандергуд. Мир если и не стал рационалистом, то сделался недоверчивее, и с ним трудненько-таки ладить. – Он искренне вздохнул и продолжал: – Вы не социалист, м-р Вандергуд?.. Ах, не стесняйтесь, мы все теперь социалисты, мы теперь на стороне голодных. Пусть кушают побольше: чем они будут сытее, тем смерть, понимаете?..

Он широко, насколько мог, развел руки, изображая вершу, в которую бежит рыба, и оскалился:

– Ведь мы рыбари, м-р Вандергуд, скромные рыбари!.. А скажите: стремление к свободе вы почитаете пороком или добродетелью?

– Весь цивилизованный мир считает стремление к свободе добродетелью, – возмущенно отозвался Я.

– Я и не ожидал иного ответа от гражданина Соединенных Штатов. А вы лично не думаете ли, что тот, кто принесет человеку безграничную свободу, тот принесет ему и смерть! Ведь только смерть развязывает все земные узы, и не кажутся ли вам эти слова – свобода и смерть – простыми синонимами?

В этот раз старой обезьяне удалось довольно-таки ловко кольнуть меня под седьмое ребро. Я вспомнил Моего Вандергуда, справился с Моим счетчиком и уклончиво ответил:

– Я говорю о политической свободе.

– О политической? О, это пожалуйста! Это сколько угодно! Конечно… если они сами захотят ее. Захотят, вы уверены? О, тогда пожалуйста, сколько угодно! Это вздор и клевета, что Св. Престол всегда за реакцию, и как там… Я имел честь присутствовать на балконе Ватикана, когда Его Святейшество благословил первый французский аэроплан, показавшийся над Римом, а следующий папа – я убежден – с охотою благословит баррикады. Времена Галилеев прошли, м-р Вандергуд, и мы все теперь хорошо знаем, что Земля вращается!

Он повертел пальцами, изображая, как вращается Земля, и дружески подмигнул, давая и Мне долю в своей шулерской игре, Я с достоинством сказал:

– Позвольте Мне подумать о вашем предложении, ваше преосвященство.

Кардинал X. быстро вскочил с кресла и нежно, двумя аристократическими пальцами, коснулся Моего плеча:

– О, я не тороплю вас, добрейший м-р Вандергуд, это вы меня торопили. Я даже уверен, что вначале вы откажете мне, но когда вы маленьким опытом убедитесь, что нужно для счастья человека… Ведь я и сам его люблю, м-р Вандергуд, правда, не так страстно и…

И с теми же кривляниями он удалился, торжественно волоча свою сутану и раздавая благословения. Но в Мое окно Я еще раз увидел его у подъезда, пока подавалась замедлившая карета: он что-то говорил вполоборота одному из своих аббатов, в его почтительно склоненную черную тарелку, и лицо его уже не напоминало старой обезьяны: скорее это было мордой бритого, голодного и утомленного льва. Этот талантливый малый не нуждался в уборной для грима! А позади него стоял высокий, весь в черном лакей, похожий на молодого английского баронета, и всякий раз, когда взор его преосвященства случайно скользил по его лицу и фигуре, он слегка приподнимал свой черный матовый цилиндр.

По отъезде его преосвященства Меня окружили радостной толпой Мои друзья, которыми Я, во избежание одиночества и скуки, набил задние комнаты Моего дворца. Топпи был горд и спокойно счастлив; он так насытился благословениями, что казался даже пополневшим. Художники, декораторы, реставраторы и как их там еще? – были польщены визитом кардинала и с чувством говорили о необыкновенной выразительности его лица, о величественности его манер: о, это гранде синьор! Сам папа… Но когда Я с наивностью краснокожего заметил, что Мне он напоминает старую бритую обезьяну, эти хитрые канальи разразились веселым смехом и кто-то быстро набросал превосходный портрет кардинала X… в клетке. Я не моралист, чтобы судить людей за их маленькие грешки: им и так порядочно достанется на Страшном суде! И Мне искренне понравилась талантливость насмешливых бестий. Кажется, все они не особенно верят в Мою необыкновенную любовь к людям, и если покопаться в их рисунках, то можно, без сомнения, найти недурного Осла-Вандергуда, и это Мне нравится. С Моими маленькими и приятными грешниками Я слегка отдыхаю от большого и неприятного праведника… у которого руки в крови.

Потом Топпи спросил Меня:

– А сколько он просит?

– Все.

Топпи решительно сказал:

– Всего не давайте. Он обещал сделать меня пономарем, но все-таки много не давайте. Деньги надо беречь.

С Топпи каждый день случаются неприятные истории: его наделяют фальшивыми лирами. Когда это произошло с ним в первый раз, он имел вид крайнего смущения и покорно выслушал Мой строгий выговор:

– Ты Меня положительно удивляешь, Топпи, – строго сказал Я. – Такому старому Черту неприлично получать фальшивые бумажки от людей и оставаться в дураках. Стыдись, Топпи! И Я боюсь, что ты под конец просто пустишь Меня с сумой.

Теперь Топпи, по-прежнему путаясь среди настоящего и поддельного, старается беречь то и другое: в денежных делах он щепетилен, и кардинал напрасно пытался подкупить его. Но Топпи пономарь!..

А бритой обезьяне очень хочется трех миллиардов; видно, у Св. Престола живот подвело не на шутку. Я долго всматривался в талантливую карикатуру, и она все меньше нравилась Мне; нет, это не то. Хорошо схвачено смешное, но нет того огонька злобы, который непрерывно пробегает под серым пеплом ужаса. Схвачено звериное и человеческое, но оно не слито в ту необыкновенную маску, которая теперь, на расстоянии, когда Я не вижу самого кардинала X. и не слышу его трудного хохота, начинает крайне неприятно волновать Меня. Или необыкновенное невыразимо и карандашом?

В сущности, он довольно дешевый мошенник, немного больше простого карманника, и ничего нового не сказал Мне; он не только человекоподобен, но и умоподобен, и оттого так яростен его презрительный смех над истинным рацио. Но он показал Мне себя, и... не обижайся на Мою американскую невежливость, читатель, где-то за его широкими плечами, вогнувшимися от страха, мелькнул и твой дорогой образ. Нечто вроде сна, понимаешь: как будто кто-то душил тебя и ты придушенным голосом кричал в небо: караул, стража! Ах, ты не знаешь третьего, что не есть ни жизнь, ни смерть, и Я понимаю, кто душил тебя своими костлявыми пальцами!

А Я разве знаю?

О, посмейся над насмешником, товарищ, кажется, наступает твоя очередь веселиться. А Я разве знаю? Из великих глубин Я пришел к тебе, веселый и ясный, одаренный знанием моего Бессмертия... и вот Я уже колеблюсь, и вот Я уже ощущаю трепет перед этой бритой обезьяньей рожей, которая смеет так нагло-величаво выражать свой низкий страх. Ах, Я даже не продал моего Бессмертия: Я просто приспал его, как глупая мать до смерти присыпает своего грудного младенца, – оно просто вылиняло под твоим солнцем и дождями, – и оно стало прозрачной материей без рисунка, неспособной прикрыть наготы приличного джентльмена! Гнилое вандергудовское болото, в котором Я сижу до самых глаз, обволакивает Меня тиной, дурманит Мое сознание своими ядовитыми парами, душит нестерпимой вонью разложения. Когда ты начинаешь разлагаться, товарищ: на второй, на третий день или смотря по климату? А Я уже разлагаюсь, и Меня тошнит от запаха Моих внутренностей. Или ты только принюхался от времени и привычки и работу червей принимаешь просто – за подъем мыслей и вдохновения?

Боже мой, но Я забыл, что у Меня могут быть и прекрасные читательницы! Усердно прошу прощения, уважаемые леди, за это неуместное рассуждение о запахах. Я неприятный собеседник, миледи, и Я еще более скверный парфюмер... нет, еще хуже: Я отвратительная помесь Сатаны с американским медведем, и Я совсем не умею ценить вашей благосклонности…

Нет! Я еще Сатана! Я еще знаю, что Я бессмертен, и, когда повелит воля Моя, сам притяну к своему горлу костлявые пальцы. Но если Я забуду?

Тогда я раздам Мое имение нищим и с тобою, товарищ, поползу на поклонение к старой бритой обезьяне, прильну Моим американским лицом к ее туфле, от которой исходит благодать. Я буду плакать, Я буду вопить от ужаса: спаси Меня от Смерти! А старая обезьяна, тщательно удалив с лица все волосы, облекшись, сверкая, сияя, озаряя – и сама трясясь от злого ужаса, будет торопливо обманывать мир, который так хочет быть обманутым.

Но это шутки. Я хочу быть серьезен. Мне нравится кардинал X., и Я позволю ему слегка позолотиться около Моих миллиардов. И Я устал. Надо спать. Меня уже поджидают Моя постель и Вандергуд. Я закрою свет и в темноте еще минуту буду слушать, как утомленно стучит Мой счетчик, а потом придет гениальный, но пьяный пианист и начнет барабанить по черным клавишам Моего мозга. Он все помнит и все забыл, этот гениальный пьяница, и вдохновенные пассажи мешает с икотой.

Это – сон.

II

22 февраля, Рим, вилла Орсини

Магнуса не оказалось дома, и Меня приняла Мария. Великое спокойствие снизошло на Меня, великим спокойствием дышу Я сейчас. Как шхуна с опущенными парусами, Я дремлю в полуденном зное заснувшего океана. Ни шороха, ни всплеска. Я боюсь шевельнуться и шире открыть солнечно-слепые глаза, Я боюсь, неосторожно вздохнув, поднять легкую рябь на безграничной глади. И Я тихо кладу перо.

23 февраля, вилла Орсини

Фомы Магнуса не оказалось дома, и Меня, поразив неожиданностью, приняла Мария.

Право, это неинтересно, как Я кланялся и что Я там бормотал в первые минуты. Скажу, пожалуй, что Я бормотал несколько невнятнее, чем мог бы, и что Мне ужасно хотелось смеяться. Я долго не поднимал глаз на Марию, пока не переодел свои мысли в чистое белье и не высморкал всех своих шаловливых детишек – как видишь, соображение не совсем покинуло Меня!

Но Я напрасно готовил этот плац-парад и тревожил вахмистра: того испытания не последовало. Взор Марии был прост и ясен, и не было в нем ни пронизывающей силы смертельного света, ни божественного допроса, ни убивающего всепрощения. Он был спокоен и ясен, как небо над Кампаньей, и – Я не знаю, как это случилось,– тою же ясностью озарилась и вся Моя преисподняя. Как смутные тени ночного смотра, всколыхнулись и уплыли Мои прекрасно построенные солдаты, и стало во Мне светло, пустынно и тихо, стало во Мне радостно радостью пустыни, где доселе не был человек. Милый, прости, что Я становлюсь поэтом, и поблагодари за нежное обращение: милый – это дар Марии, который она шлет через Меня!

Она встретила Меня в саду, и Мы сели у ограды, откуда так хорошо видна Кампанья. Когда смотришь на Кампанью, тогда можно и не болтать пустяков, не правда ли? Нет, это она смотрела на Кампанью, а Я смотрел в Ее глаза, где Я видел и Кампанью, и небо, и еще другое небо – вплоть до седьмого, где ты кончаешь счет всем твоим небесам, человече. Мы молчали – или говорили, если ты хочешь считать разговором такие вопросы и ответы:

– Это горы синеют?

– Да, это синеют Альбанские горы. Там – Тиволи.

Потом она разыскивала маленькие, как крупинки, белые домики и показывала их Мне, и Я смотрел, и Мне казалось, что и там чувствуют внезапное спокойствие и радость от взора Марии. Подозрительное сходство Марии с Мадонной уже не тревожило Меня: как Я могу тревожиться, что ты похожа на тебя! И наступила минута, когда великое спокойствие снизошло на Меня. У Меня нет слов и сравнений, чтобы Я понятно рассказал тебе об этом великом и светлом покое… Мне все лезет в голову эта проклятая шхуна с опущенными парусами, на которой Я никогда не плавал, так как боюсь морской болезни! Не потому ли, что и в этот ночной час моего одиночества мой путь озаряет Звезда Морей! Ну да, Я был шхуной, если хочешь, а если не хочешь, то я был всем. Кроме того, Я был ничем. Видишь, какая это получается чепуха, когда Вандергуд ищет сравнений и слов?

Я так был спокоен, что вскоре перестал даже смотреть в глаза Марии: Я просто верил им, – это глубже, чем смотреть. Когда нужно будет, Я их найду, а пока буду шхуной с опущенными парусами, буду всем, буду ничем. Один раз только легонький ветерок колыхнул Мои паруса, да и то ненадолго: когда Мария указала на Тибуртинскую дорогу, белой ниткой рассекавшую зеленые холмы, и спросила: ездил ли Я по этой дороге?

– Да, неоднократно, синьорина.

– Я часто смотрю на эту дорогу и думаю, что по ней приятно мчаться в автомобиле. У вас быстрый автомобиль, синьор?

– О да, синьорина, очень быстрый! Но для тех, – продолжал Я с нежным укором, – для тех, кто сам есть пространство и бесконечность, всякое движение излишне.

Мария – и автомобиль! Крылатый ангел, садящийся в метрополитен для быстроты! Ласточка, седлающая черепаху! Стрела на горбатой спине носильщика тяжестей! Ах, все сравнения лгут: зачем ласточка и стрела, зачем самое быстрое движение для Марии, в которой заключены все пространства! Но это Я сейчас придумал про метро и черепаху, а тогда спокойствие Мое было так велико и блаженно, что не вмещало и не знало иных образов, кроме образа вечности и немеркнущего света.

Великое спокойствие снизошло на Меня в тот день, и ничто не могло возмутить его бесконечной глади. Вероятно, мы были очень недолго с Марией, когда вернулся Фома Магнус и приветствовал Меня – и летающая рыба, на мгновение мелькнувшая над океаном, не больше возмутит его синюю гладь, нежели сделал это Магнус. Я принял его в глубь себя, – Я спокойно проглотил его и ощутил так же мало тяжести в желудке, как кит, проглотивший селедку. Но мне было приятно, что Магнус приветлив и весел, что он так крепко жмет Мою руку и смотрит ясными и добрыми глазами. Даже лицо его показалось Мне менее бледным и утомленным, чем обычно.

Меня оставили завтракать... скажу заранее, чтобы ты не очень волновался, что я пробыл у них до поздней ночи. Когда Мария удалилась, Я рассказал Магнусу про посещение кардиналаХ. Веселое лицо Магнуса слегка потемнело, и в глазах блеснул прежний враждебный огонек.

– Кардинал Х.? Он был у вас?

Я подробно передал нашу беседу с «бритой обезьяной» и скромно заметил, что он кажется Мне мошенником не из крупных. Магнус заметно поморщился и строго сказал:

– Вы напрасно смеетесь, м-р Вандергуд. Я давно знаю кардинала Х. и... слежу за ним. Это злой, жестокий и опасный деспот. Несмотря на свою смешную внешность, он коварен, беспощаден и мстителен, как Сатана!..

И ты, Магнус! Как Сатана! Этот синий бритый орангутанг, эта ляскающая горилла, эта мартышка, кривляющаяся перед зеркальцем! Но Я превозмог чувство оскорбления – оно пошло камнем на дно моего блаженства – и слушал дальше.

– Его заигрывания с социалистами, его шутки над Галилеем – ложь. Как враги повесили Кромвеля после его смерти, так и кардинал Х. с наслаждением сжег бы кости Галилея: вращение Земли он до сих пор переживает, как личное оскорбление. Это старая школа, м-р Вандергуд; для устранения препятствий на своем пути он не остановится перед ядом, перед убийством из-за угла, которое будет иметь все черты несчастной случайности. Вы улыбаетесь, но я не могу смотреть с улыбкой на Ватикан, пока есть в нем такие… а в нем всегда есть кто-нибудь, подобный кардиналу Х. Будьте настороже, м-р Вандергуд: вы попали в поле его зрения и его интересов, и теперь уже десятки глаз следят за вами… а может быть, и за мной. Берегитесь, мой друг!

Мне он показался даже взволнованным, и с неподдельным жаром Я потряс его руку.

– Ах, Магнус!.. Но когда же вы согласитесь помочь мне?

– Но ведь вам же известно, что я не люблю людей. Это вы их любите, м-р Вандергуд, но не я! – В глазах его мелькнула прежняя насмешливая улыбка.

– Кардинал говорит, что вовсе не надо любить людей, чтобы сделать их счастливыми… наоборот!

– А кто вам сказал, что я хочу делать людей счастливыми? Это опять вы хотите, но не я. Отдайте ваши миллиарды кардиналу Х., его рецепт счастья нисколько не хуже других патентованных средств. Правда, его средство в одном отношении несколько неудобно: давая счастье, оно уничтожает людей… но разве это важно? Вы слишком деловой человек, м-р Вандергуд, и я вижу, что вы недостаточно знакомы с миром наших изобретателей Наилучшего Средства Для Счастья Человечества: этих средств больше, нежели наилучшей мази для ращения волос. Я сам был фантазером и кое-что изобретал в молодости… так, немного химии… одним неудачным взрывом мне опалило даже волосы, и я очень радуюсь, что тогда не встретился с вашими миллиардами. Я шучу, м-р Вандергуд, но если хотите, то вот мой серьезный совет: растите и множьте ваших свиней, делайте из трех миллиардов четыре, продавайте не совсем гнилые консервы и оставьте заботы о счастье человечества. Пока мир будет любить хорошую ветчину, он не оставит вас… своею любовью!

– А те, кто не имеет средств кушать ветчину?

– А какое вам дело до тех? Это у них – извиняюсь за резкость – бурчит в животе, а не у вас… Когда же бурчание станет слишком громким, то не один вы его услышите, не беспокойтесь. Поздравляю вас с новым жилищем: я знаю виллу Орсини, это прекрасный остаток старого Рима…

Еще он прочтет Мне лекцию о Моем дворце! Да, Магнус снова отстранял Меня и делал это резко и грубо, но в голосе его не было суровости, и темные глаза смотрели мягко и добродушно, что ж, черт его возьми, человечество с его счастьем и ветчиной! Потом Я найду лазейку в упрямую голову Магнуса, а пока никому не отдам Моего великого покоя и… Марии, Великое спокойствие и… Сатана! – разве это не великолепный трюк в моей игре? И что за великий лжец, который умеет обманывать только других? Солги себе так, чтобы поверить, – вот это искусство!

После завтрака мы втроем бродили по пологим холмам и скатам Кампаньи. Была еще ранняя весна, и только белые маленькие цветочки нежно озаряли молодую и слабую зелень, и ветер был нежен и пахуч, и четко рисовались домики в далеком Альбано. Мария шла впереди, изредка останавливаясь и божественными очами своими окидывая все видимое,– и Я непременно закажу моему мазилке, чтоб он так написал Мадонну: на ковре из слабой зелени я маленьких беленьких цветочков. Магнус был так весел и прост, что Я снова повторил ему о сходстве Марии с Мадонной и рассказал о моих несчастных мазилках, которые ищут натуру. Он засмеялся и потом серьезно подтвердил Мою догадку о необыкновенном сходстве, и лицо его стало печально.

– Это роковое сходство, м-р Вандергуд. Помните, что я в одну тяжелую минуту говорил вам о крови? У ног моей Марии уже есть кровь… одного благородного юноши, память которого мы чтим с Марией. Не для одной Изиды необходимо покрывало: есть роковые лица, есть роковые сходства, которые смущают наш дух и ведут его к пропасти самоуничтожения. Я отец Марии, но я сам едва смею коснуться устами ее лба – какие же неодолимые преграды воздвигнет сама себе любовь, когда осмелится поднять глаза на Марию?

Это была единственная минута в том счастливом дне, когда на мой океан набежали страшные тучи, косматые, как борода сумасшедшего Лира, и дикий ветер бешено рванул паруса. Но Я поднял глаза на Марию, Я встретил Ее взор, он был спокоен и ясен, как небо над нашими головами, – и дикий вихрь бежал и скрылся бесследно, унося за собою частицу мрака. Не знаю, говорят ли тебе эти морские сравнения, которые Я сам считаю неудачными, и поэтому поясню: Я снова стал совершенно спокоен. Что Мне благородный римский юноша, так и не нашедший сравнений и свалившийся через голову с своего Пегаса? Я белокрылая шхуна, и подо мною целый океан. И разве не про Нее сказано: несравненная!

День был долог и спокоен, и Мне очень понравилась спокойная правильность, с какою солнце с своей вышины скатывалось к краю Земли, с какою высыпали звезды на небо, сперва большие, потом маленькие, пока все небо не заискрилось и не засверкало, с какою медленно нарастала темнота, с какою в свой час вышла розовая луна, сперва немного ржавая, потом блестящая, с какою поплыла она по пути, освобожденному и согретому солнцем. Но больше всего Мне понравилось, когда мы сидели с Магнусом в полутемной комнате и слушали Марию: она играла на арфе и пела.

И, слушая арфу, Я понял, почему человек для своей музыки так любит туго натянутые струны: Я сам был туго натянутой струною, и уже не касался Меня палец, а звук все еще дрожал и гудел, замирая, и замирал так медленно, в такой глубине, что и до сих пор Я слышу его. И вдруг Я увидел, что весь воздух пронизан напряженно дрожащими струнами, они тянутся от звезды к звезде, разбегаются по земле, соединяются – и все проходят через мое сердце… как телефонные провода через центральную станцию, если ты хочешь более понятных сравнений! И еще Я понял кое-что, когда слушал голос Марии…

Нет, ты просто животное, Вандергуд! Когда Я припоминаю твои крикливые жалобы на любовь и ее песни, проклятые проклятием однообразия, – ты, кажется, так выразился? – Мне хочется отправить тебя в хлев. Ты просто грязное и скучное животное, и Мне стыдно, что в течение целого часа Я вежливо слушал твое тупое мычание. Презирай слова и ласки, проклинай объятия, но не коснись Любви, товарищ: только через нее тебе дано бросить быстрый взгляд в самое Вечность! Пойди прочь, мой друг. Оставь Сатану, который в самой черной глубине человечности вдруг наткнулся на новые неожиданные огни. Уйди, ты не должен видеть удивления и радости Сатаны!

Был уже поздний час и луна стояла полунощно, когда Я покинул дом Магнуса и приказал шоферу ехать по Но-ментанской дороге: Я боялся, что Мое великое спокойствие ускользнет от Меня, и хотел настичь его в глубине Кам-паньи. Но быстрое движение разгоняло тишину, и Я оставил машину. Она сразу заснула в лунном свете, над своей черной тенью она стала как большой серый камень над дорогой, еще раз блеснула на Меня чем-то и претворилась в невидимое., Остался только Я с Моей тенью.

Мы шли по белой дороге, Я и Моя тень, останавливались и снова шли. Я сел на камень при дороге, и черная тень спряталась за моей спиною. И здесь великое спокойствие снизошло на землю, на мир, и моего холодного лба коснулся холодный поцелуй луны.

2 марта, Рим, вилла Орсини

Все эти дни Я провожу в глубоком уединении.

Мое вочеловечение начинает тревожить Меня. С каждым часом Меня покидает память о том, что Я оставил за стеною человечности. С каждой минутой слабеет Мое зрение: стена почти непроницаема, еле движутся за нею слабые тени, и Я уже не различаю их очертаний. С каждой секундой тупеет Мой слух: Я слышу тихий писк мыши, скребущейся под полом, и Я глух к громам, обвевающим Мою голову. Лживое безмолвие объемлет Меня, и тщетно ловлю Я напряженным слухом голоса откровения', они остались за той же непроницаемой стеною. С каждым мгновением удаляется от Меня истина. Напрасно Я шлю ей вдогонку стрелы Моих слов: они пролетают мимо. Напрасно Я окружаю ее тесными объятиями Моих мыслей, оковываю железом цепей: пленница ускользает, как воздух, и Моими объятиями Я душу пустоту. Еще вчера Мне казалось, что Я настиг Мою добычу, и Я пленил ее, и толстой цепью Я приковал ее к стене, а когда взглянул поутру – к стене был прикован скелет. На позвонках его шеи свободно висела ржавая цепь, и нагло смеялся оскаленный череп.

Как видишь, Я снова ищу слов и сравнений, беру в руки плеть, от которой убегает истина! Но что же Мне делать, если все Мое оружие Я оставил дома и могу пользоваться только твоим негодным арсеналом? Вочеловечь самого Бога, если ты его осилишь, Иаков, и он тотчас же заговорит с тобою на превосходном еврейском или французском языке, и не скажет больше того, что можно сказать на превосходном еврейском или французском языке. Бог!.. а Я только Сатана, скромный, неосторожный, вочеловечившийся Черт!

Конечно, это было совсем неосторожно. Но когда Я смотрел оттуда на твою человеческую жизнь... нет, постой,– вот Мы сразу и попались с тобою во лжи, человече. Когда Я сказал оттуда – ты сразу понял, что это очень далеко, да? Может быть, ты уже определил приблизительно и мили, ведь в твоем распоряжении сколько угодно нулей? Ах, это неверно: мое оттуда так же близко отсюда, как и самое настоящее здесь,– видишь, какая это бессмыслица и ложь, в которой мы танцуем с тобою! Брось метр и весы и слушай так, как будто за твоей спиной не тикают часы, а в твоей груди не отвечает им счетчик. Так вот: когда Я смотрел на твою жизнь оттуда (пойдем на компромисс и назовем это «из-за границы»), она виделась Мною как славная и веселая игра неумирающих частиц.

Ты знаешь, что такое театр кукол? Когда одна кукла разбивается, ее заменяют другою, но театр продолжается, музыка не умолкает, зрители рукоплещут, и это очень интересно. Разве зритель заботится о том, куда бросают разбитые черепки, и идет за ними до мусорного ящика? Он смотрит на игру и веселится. И Мне было так весело – и литавры так зазывно звучали – и клоуны так забавно кувыркались и делали глупости,–

и Я так люблю бессмертную игру, что Я сам пожелал превратиться в актера... Ах, Я еще не знал тогда, что это вовсе не игра и что мусорный ящик так страшен, когда сам становишься куклой, и что из разбитых черепков течет кровь,– ты обманул Меня, мой теперешний товарищ!

Но ты удивлен, ты презрительно щуришь твои оловянные глаза и спрашиваешь: что же это за Сатана, который не знает таких простых вещей? Ты привык уважать чертей, ты самого глупого беса считаешь достойным любой кафедры, ты уже отдал Мне твой доллар как профессору белой и черной магии,– и вдруг Я оказываюсь таким невеждой в самых простых вещах! Я понимаю твое разочарование, Я сам ныне чту гадалок и карты, Мне очень стыдно сознаваться, что Я не умею сделать ни одного плохонького фокуса и блоху убиваю не взглядом, а просто пальцем,– но правда для Меня всего дороже: да, Я не знал твоих простых вещей! По-видимому, всему виной граница, которая отделяет нас: как ты не знаешь Моего и не можешь произнести такой пустой вещи, как Мое истинное Имя, так и Я не знал твоего, Моя земная тень, и лишь теперь с восторгом разбираюсь в твоем огромном богатстве. Подумай: даже простому счету Меня научил только Вандергуд, и Я сам не сумел бы застегнуть пуговиц на моем платье, если бы не привычные и ловкие пальцы того же молодца – Вандергуда!

Теперь Я человек, как и ты. Ограниченное чувство Моего бытия Я почитаю Моим знанием и уже с уважением касаюсь собственного носа, когда к тому понуждает надобность: это не просто нос – это аксиома! Теперь Я сам бьющаяся кукла на театре марионеток, Моя фарфоровая головка поворачивается вправо и влево, мои руки треплются вверх и вниз, Я весел, Я играю, Я все знаю... кроме того: чья рука дергает Меня за нитку? А вдали чернеет мусорный ящик, и оттуда торчат две маленькие ножки в бальных туфельках...

Нет, это не та игра бессмертных, к которой Я стремился, и это так же мало напоминает веселье, как корчи эпилептика хороший негритянский танец! Здесь каждый есть то, что он есть, и здесь каждый хочет быть не тем, что он есть, – и этот бесконечный процесс о подлогах Я принял за веселый театр: какая грубая ошибка, какая глупость для «всемогущего, бессмертного»... Сатаны. Здесь все тащат друг друга в суд: живые – мертвых, мертвые – живых, История тех и других, а Бог Историю – и эту бесконечную кляузу, этот грязный поток лжесвидетелей, лжеприсяг, лжесудей и лжемошенников Я принял за игру бессмертных? Или Я не туда попал? Скажи Мне, уважаемый туземец: куда ведет эти дорога? Ты бледнеешь, твой палец, дрожа, указует на что-то... ах, это мусорный ящик!

Вчера Я расспрашивал Топпи о его прежней жизни, когда он впервые вочеловечился: Мне хотелось лучше узнать, что чувствует кукла, когда у нее лопается головка или обрывается нить, которая приводит ее в движение? Мы закурили по трубочке и за кружкой пива, как два добрые немца, занялись немного философией. Оказалось, однако, что эта тупая голова почти все уже забыла, и Мои вопросы приводили ее в стыдливое смущение.

– Неужели ты все забыл, Топпи!

– Сами станете умирать, тогда узнаете. Я не люблю об этом вспоминать, что хорошего!

– Значит, нехорошо?

– А вы слыхали, чтобы кто-нибудь это хвалил?

– Да, это верно. Никто не хвалил.

– Да и не похвалит. Я уж знаю!

Мы помолчали.

– А ты помнишь, Топпи, откуда ты?

– Из Иллинойса, откуда и вы.

– Нет, я говорю про другое. Ты помнишь, откуда ты? Ты помнишь твое настоящее Имя?

Топпи странно посмотрел на Меня, слегка побледнел и долго в молчании выколачивал свою трубку. Потом поднялся и сказал, не поднимая глаз:

– Прошу вас так со мной не говорить, м-р Вандергуд. Я честный гражданин Соединенных Штатов и ваших намеков не понимаю.

Он еще помнит, он неспроста так побледнел, – но уже стремится забыть, и скоро забудет! Ему не по силам эта двойная тяжесть: земли и неба, к он весь отдается земле! Пройдет еще время, и если Я заговорю с ним о Сатане, он отвезет Меня в сумасшедший дом… или напишет донос кардиналу X.

– Я тебя уважаю, Топпи. Ты очень хорошо вочеловечился, – сказал Я и поцеловал Топпи в темя. Я целую в темя тех, кого люблю.

И Я снова отправился в зеленую пустынную Кампанью: Я следую лучшим образцам, и, когда Меня искушают, Я удаляюсь в пустыню. Там Я долго заклинал и звал Сатану, и Он не хотел Мне ответить. Вочеловечившийся, долго я лежал во прахе, умоляя, когда отдаленно зазвучали во Мне легкие шаги и светлая сила подняла Меня ввысь. И вновь увидел Я покинутый Эдем, его зеленые кущи, его немеркнущие зори, его тихие светы над тихими водами. И вновь услышал Я безмолвные шепоты бестелесных уст, и к очам Моим бестрепетно приблизилась Истина, и Я протянул к ней Мои окованные руки: освободи!

– Мария.

Кто сказал: Мария? Но бежал Сатана, погасли тихие светы над тихими водами, исчезла испуганная Истина, – и вот снова сижу Я на земле, вочеловечившийся, тупо смотрю нарисованными глазами на нарисованный мир, а на коленях Моих лежат Мои скованные руки.

– Мария.

…Мне грустно сознаваться, что все это Я выдумал: и пришествие Сатаны с его «легкими и звучными» шагами, и эдемские сады, и скованные руки. Но Мне нужно было твое внимание, и Я не знал, как обойтись без Эдема и кандалов, этих противоположностей, которыми ты замыкаешь разные концы твоей жизни. И райские сады – это так красиво! Кандалы – как это ужасно! И насколько это значительнее, чем просто сидеть на пыльном бугорке с сигарою в свободных руках, размышлять лениво и, зевая, поглядывать на часы и дорогу в ожидании шофера. А Марию Я приплел просто потому, что с этого бугорка видны черные кипарисы над белым домиком Магнуса, и невольная ассоциация идей… понимаешь?

Может ли человек с таким зрением увидеть Сатану? Может ли человек с таким отупевшим слухом услышать какие-то «бестелесные шепоты» или как там? Вздор! И пожалуйста, Я прошу тебя: зови Меня просто Вандергудом. Отныне и до того дня, как Я разобью себе голову игрушкой, что отворяет самую узкую дверь в самый широкий простор, – зови Меня просто Вакдергудом, Генри Вандергудом из Иллинойса: Я буду послушно и быстро отзываться.

Но если, человече, ты увидишь в некий день Мою голову раздробленной, то внимательно вглядись в осколки: там в красных знаках будет начертано гордое имя Сатаны! Согни шею и поклонись Ему низко, – но черепков до мусорного ящика не провожай: не надо так почтительно сгибаться перед сброшенными цепями!

9 марта 1914 г. Рим, вилла Орсини

Вчера ночью у Меня был важный разговор с Фомой Магнусом.

Когда Мария удалилась к себе, Я, по обыкновению, почти тотчас же собрался ехать домой, но Магнус удержал Меня.

– Куда вам ехать, м-р Вандергуд? Оставайтесь ночевать. Послушайте, как беснуется сумасшедший Март!

Уже несколько дней над Римом бродили тяжелые тучи и косой дождь порывами сек стены и развалины, и в это утро Я прочел в какой-то газетке выразительный бюллетень о погоде: cielo nuvoloso, il vento forte e mare molto agitato[3] . К вечеру ненастье превратилось в бурю, и взволнованное

[3] Небо облачное, ветер сильный, и море очень бурное (ит.).

море перекинуло через девяносто миль свой влажный запах в стены самого Рима. И настоящее римское море, его волнистая Кампанья запела всеми голосами бури, как океан, и мгновениями чудилось, что ее недвижные холмы, ее застывшие извека волны уже поколебались на своих основаниях и всем стадом надвигаются на городские стены. «Сумасшедший» Март, этот расторопный делатель страха и бурь, стремительно носился по ее простору, каждую бледную травинку за волосы пригибал к земле, задыхался, как загнанный, и целыми охапками, поспешно, бросал ветер в стонущие кипарисы. Иногда он бросался чем-то и потяжелее: черепитчатая крыша домика дрожала под ударами, а каменные стены гудели так, будто внутри самих камней дышал и искал выхода пойманный ветер.

Весь вечер мы слушали бурю. Мария была спокойна, но Магнус заметно нервничал, часто потирал свои большие белые руки и осторожно прислушивался к талантливым имитациям ветра: к его разбойничьему свисту, крику и воплям, смеху и стонам… расторопный артист ухитрялся одновременно быть убийцей и жертвой, душить и страстно молить о помощи! Если бы у Магнуса были подвижные уши зверя, они все время стояли бы напряженно. Его тонкий нос вздрагивал, темные глаза совсем потемнели, как будто и на них легли отражения туч, тонкие губы кривила быстрая и странная усмешка. Я был также взволнован: во все дни Моего вочеловечения Я впервые слышал такую бурю, и она подняла во Мне все былые страхи: почти с ужасом ребенка Я старался избегать глазами окон, за которыми стояла тьма. «Почему она не идет сюда? – думал Я. – Разве стекло может ее удержать, если она захочет ворваться?..»

Несколько раз кто-то громко стучал и с силою потрясал железные ворота, в которые когда-то стучались и мы с Топпи.

– Это Мой шофер приехал за мною, – сказал Я, – надо ему открыть.

Магнус искоса взглянул на Меня и угрюмо ответил:

– С той стороны нет дороги. Там только поле. Это сумасшедший Март просится сюда.

Точно слова его были услышаны: узнанный Март рассмеялся и удалился, насвистывая. Но вскоре новые удары сотрясли железную дверь, и несколько голосов, крича и перебивая друг друга, беспокойно и тревожно говорили о чем-то; слышно было, как плачет маленький ребенок.

– Это заблудившиеся… вы слышите, ребенок! Надо открыть.

– А вот мы посмотрим, – сердито отозвался Магнус.

– Я с вами, Магнус.

– Сидите, Вандергуд. Мне достаточно этого товарища. – Он быстро достал из стола тот револьвер и с особенным чувством любви и даже нежности мягко охватил его широкой ладонью и бережно сунул в карман. Он вышел, и слышен был крик, которым его встретили у ворот.

В тот вечер Я избегал почему-то ясных взоров Марии, и Мне сделалось неловко, когда мы остались одни. И вдруг Мне захотелось упасть на пол, подползти к Ней на коленях и тихонько свернуться у Ее ног, так, чтобы Ее платье тихо-тихо касалось Моего лица: Мне казалось, что на спине у Меня растут волосы, и если их погладить, то посыплются искры, и тогда Мне станет легче. Так Я мысленно все подползал, все подползал к Ней, когда вошел Магнус и молча положил револьвер обратно. Голоса у дверей утихли, и стук прекратился.

– Кто это?.. – спросила Мария.

Магнус сердито стряхнул с себя капельки дождя.

– Сумасшедший Март. Кому же больше?

– Но вы, кажется, говорили с ним? – пошутил Я, скрывая неприятную дрожь холода, который вошел вместе с Магнусом.

– Да. Я сказал ему, что это неприлично – таскать за собою такую подозрительную толпу. Он извинился и больше не придет. – Магнус усмехнулся и добавил: – Убежден, что сегодня все разбойники Рима и Кампаньи грезят засадами и кровью и целуют свои стилеты, как возлюбленных...

Послышался снова неясный и как будто робкий стук.

– Опять? – сердито крикнул Магнус, словно сумасшедший Март и вправду обещал ему не стучать больше. Но за стуком послышался и звонок: это приехал мой шофер. Мария удалилась, а Мне, как сказано, Магнус предложил остаться, на что Я после небольшого колебания и согласился: Мне совсем мало нравился Магнус с его револьвером и усмешками, но еще меньше нравилась глупая тьма.

Любезный хозяин сам пошел, чтобы отпустить шофера. В одно из окон Я видел, как широко и ярко блеснули при повороте электрические прожектора машины, и на минуту Мне ужасно захотелось домой, к Моим приятным грешникам, которые теперь потягивают винцо в ожидании Меня... Ах, Я уже давно отказался от добродетели и веду порочную жизнь пьяницы и игрока! И опять, как в ту первую ночь, тихий белый домик, эта душа Марии, показался Мне подозрительным и страшным: этот револьвер, эти пятна крови на белых руках... а может быть, и еще где-нибудь найдутся такие пятна?

Но было уже поздно раздумывать: машина ушла, и возвратившийся Магнус имел при свете не синюю, а очень черную и красивую бороду, и глаза его приветливо улыбались. В широкой руке он нес не оружие, а две бутылки вина, и еще издали весело крикнул:

– В такую ночь только и остается, что пить вино. Мне и Март при разговоре показался пьяным… гуляка! Ваш стакан, Вандергуд!

Но когда стаканы были налиты, этот веселый пьяница едва коснулся вина и глубоко уселся в кресло, предоставив Мне пить и разговаривать. Без особого воодушевления, слушая шум ветра и думая о том, как длинна предстоящая ночь, Я рассказал Магнусу о новых настойчивых посещениях кардинала X. Кажется, кардинал действительно приставил ко мне шпионов, но, что еще более удивительно и странно, сумел чем-то подействовать на неподкупного Топпи. Он остался все тем же преданным другом, но сделался мрачен, почти каждый день ходит на исповедь и сурово убеждает Меня принять католичество.

Магнус спокойно слушал Мое повествование, и еще с большей неохотой Я рассказал о множестве неудачных попыток развязать Мой кошелек: о бесконечном количестве прошений, написанных дурным языком, где правда кажется ложью от скучного однообразия слез, поклонов и наивной лести, о сумасшедших изобретателях, о торопливых прожектерах, стремящихся со всевозможной быстротой использовать свой недолгий отпуск из тюрьмы, – обо всем этом обглоданном человечестве, которое запах слабо защищенных миллиардов доводит до исступления. Мои секретари, а их теперь работает целых шесть человек, едва успевают справляться со всей этой массой слезливой бумаги и бешено говорливых людей, стерегущих каждую дверь Моего дворца.

– Боюсь, что Мне придется сделать для себя подземный ход: они стерегут Меня и по ночам. Они устремились на Меня с лопатами и мотыгами, как на Клондайк, и втыкают в меня заявки. Болтовня этих проклятых газет о миллиардах, которые Я готов отдать предъявителю любой язвы на ноге или пустого кармана, свела их с ума. Думаю, что в одну прекрасную ночь они просто поделят Меня на порции и съедят. Они уже открыли ко Мне паломничество, как Лурд, и приезжают с чемоданами. Мои дамы, которые считают Меня своей собственностью, нашли для Меня небольшой дантевский ад, где мы ежедневно гуляем всем обществом: вчера мы целый час созерцали какую-то безмозглую старуху, все достоинство которой в том, что она сумела пережить своего мужа, детей и всех внуков и теперь нуждается в нюхательном табаке. А еще один сердитый старик не хотел успокоиться и не брал даже денег до тех пор, пока все мы не понюхали, как пахнет старая рана на его ноге. Пахнет действительно скверно. Этот сердитый старик – гордость моих дам и, как все фавориты, капризен. А еще… вам не скучно Меня слушать, Магнус? Я могу рассказать вам еще про целую уйму оборванных отцов, голодных детей, зеленых и гнилых, как некоторые сорта сыра, про благородных гениев, презирающих Меня, как негра, про остроумных пьяниц с веселыми красными носами… Мои дамы неохотно показывают пьяниц, но Мне они нравятся больше всего остального товара. А вам, синьор Магнус?

Магнус молчал. Мне надоело говорить, и Я тоже замолчал. Один безумный Март продолжал неутомимо разыгрывать свои шутки: теперь он сидел на крыше и старался прогрызть ее по самой середине, хрустел черепицей, как сахаром. Магнус прервал молчание:

– Последние дни о вас очень мало пишут газеты. Что случилось?

– Я плачу интервьюерам, чтобы они не писали. Сперва я просто прогнал их, но они стали интервьюировать Моих лошадей, и теперь Я плачу им за каждую строчку молчания. Не найдется ли у вас покупатель на Мою виллу, Магнус? Я ее продаю вместе с художниками и остальным инвентарем.

Мы снова основательно помолчали и прошлись по комнате: сперва прошелся Магнус и сел, потом прошелся Я и также сел. Кроме того, Я еще выпил два стакана вина, а Магнус ни одного… о, у этого господина нос никогда не покраснеет! Вдруг он решительно сказал:

– Не пейте больше вина, Вандергуд.

– О! Хорошо, я больше не буду пить вина. Это все?

Дальнейшие вопросы свои Магнус предлагал с большими промежутками молчания. Тон его голоса был суров и резок, Мой… мелодичен, сказал бы Я.

– В вас произошла большая перемена, Вандергуд.

– Очень возможно. Благодарю вас, Магнус.

– Прежде вы были живее. Теперь вы почти не шутите. Bti стали очень мрачным субъектом, Вандергуд.

– О!

– Вы даже похудели, и лоб у вас желтый. Это правда, что вы каждую ночь напиваетесь с вашими… друзьями?

– Кажется.

– Играете в карты, бросаете золото и недавно за вашим столом чуть не произошло убийство?

– Боюсь, что правда. Я припоминаю, что один джентльмен действительно хотел проткнуть вилкой другого джентльмена. А откуда вам это известно, Магнус?

Он ответил сурово и многозначительно.

– Вчера у меня был м-р Топпи. Он добивался свидания с… Марией, но я принял его сам. При всем моем уважении к вам, Вандергуд, я должен отметить что секретарь ваш на редкость глуп.

Я холодно согласился.

– Вы совершенно правы. Вам следовало выгнать его.

Должен отметить, в свою очередь, что при имени Марии два последних стакана мгновенно испарились из Меня, и при дальнейшем разговоре вино улетучивалось так же быстро, как эфир из открытой банки… Я всегда думал, что это непрочная вещь! Снова мы послушали бурю, и Я сказал:

– Ветер, кажется, сильнеет, синьор Магнус.

– Да, ветер, кажется, сильнеет, м-р Вандергуд. Но вы должны признать, что я своевременно предупреждал вас, м-р Вандергуд!

– В чем вы меня своевременно предупреждали, синьор Магнус?

Он охватил колена своими белыми руками и устремил на Меня взор заклинателя змей… ах, он не знал, что Я сам вырвал у себя ядовитые зубы и теперь безвреден, как чучело в музее! Наконец он понял, что нет смысла так долго фиксировать простые бутылочные стекла, и перешел к слову:

– Я вас предупреждал относительно Марии, – медленно и внушительно промолвил он. – Вы помните, что я не хотел… знакомства с вами и выражал это довольно ясно? Вы не забыли, что я говорил вам о Марии, о ее роковом влиянии на души? Но вы были настойчивы, смелы, и я уступил. Теперь вы желаете представить нам, мне и дочери, чувствительное зрелище разлагающегося джентльмена, который ничего не просит и даже не упрекает, но не может успокоиться до тех пор, пока всеми не будет осмотрена его рана… Я не хочу повторять точно ваших выражений, м-р Вандергуд, в них слишком много дурного запаха. Да, сударь, вы достаточно откровенно говорили о ваших… ближних, и я искренне рад, что вы бросили наконец эту дешевую игру в любовь и человечество… у вас так много других забав! Но, признаюсь, меня совсем не радует ваше щедрое намерение подарить нам останки джентльмена. Мне кажется, сударь, что вы напрасно уехали из Америки и не продолжаете вашего дела с… консервами; общение с людьми требует совсем иных способностей.

Он насмехался! Он почти выгонял Меня, это человечек, и Я, который пишет себя с большой буквы, Я – покорно и смиренно выслушал его. Это было божественно смешно! Одна комическая подробность для любителей веселого чтения: перед началом его тирады Мои глаза и Моя сигара в зубах были довольно бодро и небрежно подняты кверху – к концу они опустились… Я до сих пор чувствую на зубах этот горький вкус уныло свисшей потухшей, выскользающей сигары. Я задыхался от смеха… точнее, Я еще не знал: задохнуться ли Мне от смеха или от гнева? Или – не задыхаясь ни от того, ни от другого, попросить зонтик от дождя и удалиться? Ах, он был дома, он был на своей земле, этот сердитый человечек с черной бородою, он знал, что надо делать в этих случаях, и он пел соло, а не дуэтом, как эти неразлучные Сатана из вечности и Вандергуд из Иллинойса!

– Сударь! – сказал Я с достоинством. – Здесь произошло печальное недоразумение. Перед вами вочеловечившийся Сатана... вы понимаете? Он вышел на вечернюю прогулку и неосторожно заблудился в лесу... в лесу, сударь, в лесу! Не будете ли добры, сударь, и не укажете ли ему ближайшей дороги к вечности? Ага! Благодарю вас, я так и думал. Прощайте!

Конечно, Я этого не сказал. Я молчал, предоставив слово Вандергуду, и вот что сказал этот почтенный джентльмен, выпустив изо рта потухшую и мокрую сигару:

– Черт возьми! Вы правы, Магнус. Благодарю вас, старина. Да, вы честно предупреждали меня, но я пожелал играть в одиночку. Теперь я банкрот и в вашем распоряжении. Ничего не имею против, если вы распорядитесь вынести останки джентльмена.

Я думал, что, не ожидая носилок, Магнус просто выбросит останки в окно, но великодушие этого господина было поистине изумительно: он взглянул на Меня с состраданием и даже протянул руку для пожатия.

– Вы очень страдаете, м-р Вандергуд?

Вопрос, на который довольно трудно ответить знаменитому дуэту! Я моргнул глазами и поднял плечи. Кажется, это удовлетворило Магнуса, и на несколько минут мы погрузились в сосредоточенное молчание. Не знаю, о чем думал Магнус, но Я не думал ни о чем: Я просто разглядывал с большим интересом стены, потолок, книги, картинки на стенах, всю эту обстановку человеческого жилища. Особенно заинтересовала Меня электрическая лампочка, на которой Я остановил надолго Мое внимание: почему это горит и светит?

– Я жду вашего слова, м-р Вандергуд.

Он еще ждет Моего слова? Хорошо.

– Дело очень просто, Магнус... ведь вы предупреждали Меня? Завтра Мой Топпи укладывает чемоданы, и Я еду в Америку продолжать дело с... консервами.

– А кардинал?

– Какой кардинал? Ах да!.. Кардинал X. и миллиарды?

Как же, я помню. Но – не смотрите на Меня так удивленно, Магнус, – Мне это надоело.

– Что именно вам надоело, м-р Вандергуд?

– Это. Шесть секретарей, безмозглые старухи, нюхательный табак и Мой дантевский ад, куда Меня водят на прогулку. Не смотрите на Меня так строго, Магнус. Вероятно, из Моих миллиардов можно было приготовить зелье покрепче, но я сумел сделать только кислое пиво. Отчего вы не захотели помочь мне? Впрочем, вы ненавидите людей, я забыл.

– Но вы их любите?

– Как вам сказать, Магнус? Нет, скорее, Я к ним равнодушен. Не смотрите на Меня с таким... чувством, ей-Богу, не стоит! Да, Я к ним равнодушен. Их так много, знаете ли, было, есть и еще будет, что положительно не стоит...

– Значит, вы лгали?

– Смотрите не на Меня, а на Мои упакованные чемоданы. Нет, не совсем. Мне, знаете ли, хотелось создать нечто интересное для игры, ну вот, для завязки, Я и пустил в обращение эту... это чувство...

– Следовательно, вы только играли?

Я снова моргнул глазами и поднял плечи: Мне понравился этот способ ответа на слишком сложные вопросы. И Мне очень нравилось это лицо синьора Фомы Магнуса, его удлинившийся овал несколько вознаграждал Меня за все Мои театральные неудачи... и Марию. Замечу, что в Моих зубах была новая сигара.

– В вашем прошлом, вы говорили, есть какие-то темные страницы... В чем дело, м-р Вандергуд?

– О! Это маленькое преувеличение. Ничего особенного, Магнус. Извиняюсь, что напрасно потревожил вас, но тогда мне казалось, что этого требует стиль...

– Стиль?

– Да, и законы контраста. При темном прошлом светлое настоящее... понимаете? Но Я уже сказал вам, Магнус, что из Моей затеи ничего не вышло. В наших местах имеют не совсем верное представление об удовольствиях, доставляемых здешней игрою. Надо будет это растолковать, когда вернусь. На несколько минут Мне понравилась бритая обезьяна, но ее способ околпачивать людей слишком стар и слишком верен... как монетный двор. Я люблю риск.

– Околпачивать людей?

– Ведь мы же их презираем, Магнус? Так не будем отказывать себе в удовольствии, если игра не удалась, говорить прямо. Вы, кажется, улыбнулись? Я очень рад. Но я устал болтать и с вашего разрешения выпью стакан вина.

Фома Магнус вовсе не был похож на улыбающегося человека, и Я сказал про улыбку так... для стиля. Прошло не меньше получаса в полном молчании, нарушаемом только взвизгами и возней сумасшедшего Марта да ровными шагами Магнуса: заложив руки за спину и не обращая на

Меня никакого внимания, он методично измерял комнату: восемь шагов вперед, восемь шагов назад. По-видимому, он когда-нибудь сидел в тюрьме, и немало: у него было умение опытного арестанта создавать пространство из нескольких метров. Я позволил себе слегка зевнуть и этим обратил на себя внимание любезного хозяина. Но еще с минуту молчал Магнус, пока следующие слова не прозвучали в воздухе и не сбросили Меня с места:

– Но Мария любит вас. Вы, конечно, не знаете этого?

Я встал.

– Да, это правда: Мария любит вас. Этого несчастья я не ожидал. Убить вас я опоздал, м-р Вандергуд, это нужно было совершить вначале, а теперь я не знаю, что делать с вами. Как вы сами думаете на этот счет?

Я выпрямился и…

…Мария любит Меня!

Я видел в Филадельфии неудачную казнь электричеством. Я видел в миланской «Скала», как мой коллега Мифисто корчился и прыгал по всей сцене, когда статисты двинулись на него с крестами, – и мой безмолвный ответ Магнусу был довольно искусным воспроизведением того и другого трюка: ах, в ту минуту в Моей памяти не оказалось лучших образцов? Клянусь вечным спасением, еще никогда Меня не пронизывало столько смертельных токов, еще никогда Я не пил такого горького напитка, еще никогда не овладевал Моей душою такой неудержимый смех!

Сейчас Я уже не смеюсь и не корчусь, как пошлый актер, – Я один, и только Моя серьезность слушает и видит Меня. Но в ту минуту торжества Мне понадобились все силы, чтобы громко не расхохотаться и не надавать звонких пощечин этому суровому и честному человеку, бросавшему Мадонну в объятия… Дьявола, ты думаешь? Нет, американца Вандергуда с его козлиной бородкой и мокрою сигарой в золотых зубах! Презрение и ненависть, тоска и любовь, гнев и смех, горький, как полынь, – вот чем до краев была налита поднесенная Мне чаша… нет, еще хуже, еще горче, еще смертельнее! Что Мне обманутый Магнус со всей тупостью его глаз и ума, но как могли обмануться чистые взоры Марии?Или Я такой искусный донжуан, которому достаточно нескольких почти безмолвных встреч, чтобы обольстить невинную и доверчивую девушку? Мадонна, где ты? Или Она нашла во Мне сходство с одним из своих святых, как и у Топпи, но ведь со Мной же нет походного молитвенника! Мадонна, где Ты? Уста ли твои тянутся к Моим устам, как пестики к тычинкам, как все эти биллионы похотей цветов, людей и животных? Мадонна, где Ты? Или?..

Я еще корчился, как актер, Я еще душил в приличном бормотанье Мою ненависть и презрение, когда это новое или вдруг наполнило Меня новым смятением и такой любовью… ах, такой любовью!

– Или, – подумал Я, – твое бессмертие, Мадонна, откликнулось на бессмертие Сатаны и из самой вечности протягивает ему эту кроткую руку? Ты, обожествленная, не узнала ли друга в том, кто вочеловечился? Ты, восходящая ввысь, не прониклась ли жалостью к нисходящему? О Мадонна, положи руку на мою темную голову, чтобы узнал Я тебя по твоему прикосновению!..

Слушай, что было дальше в эту ночь.

– Я не знаю, за что полюбила вас Мария. Это тайна ее души, недоступной моему пониманию. Да, я не понимаю, но я преклоняюсь перед ее волей, как перед откровением. Что мои человеческие глаза перед ее всепроникающим взором, м-р Вандергуд!..

(И он говорил то же!)

– Минуту назад, в горячности, я сказал что-то об убийстве и смерти… нет, м-р Вандергуд, вы можете навсегда быть спокойны: избранный Марией неприкосновенен для меня, его защищает больше, чем закон, – его покровом служит ее чистая любовь. Конечно, я немедленно попрошу вас оставить нас и – я верю в вашу честность, Вандергуд, – поставить между нами преградою океан…

– Но…

Магнус сделал шаг ко Мне и гневно крикнул:

– Ни слова дальше!.. Я вас не могу убить, но если вы осмелитесь произнести слово «брак», я!..

Он медленно опустил поднятую руку и продолжал спокойно:

– Вижу, что мне еще не раз придется извиняться за мою вспыльчивость, но это лучше, чем та ложь, образцы которой вы нам дали. Не оправдывайтесь, Вандергуд, это лишнее. А о браке позвольте говорить мне: это будет звучать менее оскорбительно для Марии, чем в ваших устах. Он совершенно немыслим, запомните это. Я трезвый реалист, в роковом сходстве Марии я вижу только сходство, и меня вовсе не поражает мысль, что моя дочь, при всех ее необыкновенных свойствах, когда-нибудь станет женою и матерью… мое категорическое отрицание брака было лишь одним из способов предупреждения. Да, я трезво смотрю на вещи, но, м-р Вандергуд, не вам суждено стать спутником Марии. Вы вовсе не знаете меня, и теперь я вынужден несколько приподнять завесу, за которою я скрываюсь уже много лет: мое бездействие лишь отдых, я вовсе не мирный селянин и не книжный философ, я человек борьбы, я воин на поле жизни! И моя Мария будет наградой только герою, если… когда-нибудь мне встретится герой.

Я сказал:

– Вы можете быть уверены, синьор Магнус, что я ни слова не позволю себе сказать относительно синьорины Марии. Вы знаете, что я не герой.

Но о вас мне позволено будет спросить: как мне сочетать ваши теперешние слова с вашим презрением к людям? Помнится, вы что-то очень серьезно говорили о эшафоте и тюрьмах.

Магнус громко рассмеялся:

– А вы помните, что вы говорили о вашей любви. к людям? Ах, милый Вандергуд: я был бы плохим воином и политиком, если бы в мое образование не входило и искусство маленькой лжи. Мы играли оба, вот и все!

– Вы играли лучше, – признался Я довольно мрачно.

– А вы играли очень скверно, дорогой, не обижайтесь. Но что мне было делать, когда вдруг ко мне является джентльмен, нагруженный золотом, как

– Как осел. Продолжайте.

– ...и на всех языках начинает объясняться в своей любви к человечеству, причем его уверенность в успехе может равняться только количеству долларов в его кармане? Главный недостаток вашей игры, м-р Вандергуд, в том, что вы слишком явно жаждете успеха и стремитесь к немедленному эффекту, это делает зрителя недоверчивым и холодным. Правда, я не думал, что это только игра, – самая плохая игра лучше искренней глупости... и я опять должен извиниться: вы представились мне просто одним из тех глупых янки, которые сами верят в свои трескучие и пошлые тирады, и... вы понимаете?

– Вполне. Прошу вас, продолжайте.

– Только одна ваша фраза – что-то о войне и революции, которые можно создать на ваши миллиарды, показалась мне несколько интереснее остального, но дальнейшее показало, что это лишь простая обмолвка, случайный кусок чужого текста. Ваши газетные триумфы, ваше легкомыслие в серьезных вещах, – вспомните кардинала X.! – ваша дешевая благотворительность совершенно дурного тона... нет, м-р Вандергуд, вы не созданы для серьезного театра! И ваша болтовня сегодня, как она ни цинична, понравилась мне больше, чем ваш дутый балаганный пафос. Скажу искренно: если бы не Мария, я от души посмеялся бы сегодня с вами и без малейшего укора поднял бы прощальный бокал!

– Одна поправка, Магнус: я искренне хотел, чтобы вы приняли участие...

– В чем? В вашей игре? Да, в вашей игре недоставало творца, и вы искренно хотели взвалить на меня нищету вашего духа. Как вы нанимаете художников, чтобы они расписывали и украшали ваши дворцы, так вы хотели нанять мою волю и воображение, мою силу и любовь!

– Но ваша ненависть к людям...

До сих пор Магнус почти не выходил из тона иронии и мягкой насмешки: мое замечание вдруг переродило его. Он побледнел, его большие белые руки судорожно забегали по телу, как бы отыскивая оружие, и все лицо стало угрожающим и немного страшным. Словно боясь силы собственного голоса, он понизил его почти до шепота; словно боясь, что слова сорвутся и побегут сами, он старательно ровнял их.

– Ненависть? Молчите, сударь. Или у вас совсем нет ни совести, ни простого ума? Мое презрение! Моя ненависть! Ими я отвечал не на вашу актерскую любовь, а на ваше истинное и мертвое равнодушие. Вы меня оскорбляли как человека вашим равнодушием. Вы всю жизнь нашу оскорбляли вашим равнодушием! Оно было в вашем голосе, оно нечеловеческим взглядом смотрело из ваших глаз, и не раз меня охватывал страх… страх, сударь! – когда я проникал глубже в эту непонятную пустоту ваших зрачков. Если в вашем прошлом нет темных страниц, которые вы приплели для стиля, то там есть худшее: там есть белые страницы, и я не могу их прочесть!..

– Ого!

– Когда я смотрю на вашу вечную сигару, когда я вижу ваше самодовольное, но красивое и энергичное лицо, когда я любуюсь вашими непритязательными манерами, в которых кабацкая простота доведена до пуританской высоты, мне все понятно и в вас, и в вашей наивной игре. Но стоит мне встретить ваш зрачок… или его белую подкладку, и я сразу проваливаюсь в пустоту, мною овладевает тревога, я уже не вижу ни вашей честной сигары, ни честнейших золотых зубов, и я готов воскликнуть: кто вы, смеющий нести с собою такое равнодушие?

Положение становилось интересным. Мадонна любит Меня, а этот каждое мгновение готов произнести Мое имя! Не сын ли он моего Отца! Как мог он разгадать великую тайну Моего беспредельного равнодушия: Я так тщательно скрывал ее от тебя!

– Вот! Вот! – закричал Магнус, волнуясь, – в ваших глазах снова две слезинки, которые я уже видел однажды, – это ложь, Вандергуд! Под ними нет источника слез, они пали откуда-то сверху, из облаков, как роса. Лучше смейтесь: за вашим смехом я вижу просто дурного человека, но за вашими слезами стоят белые страницы. Белые страницы!.. или их прочла моя Мария?

Не сводя с Меня глаз, словно боясь, что Я убегу, Магнус прошелся по комнате и сел против Меня. Лицо его погасло и голос казался утомленным, когда он сказал:

– Но я напрасно, кажется, волнуюсь…

– Не забудьте, Магнус, что сегодня Я сам говорил вам о равнодушии.

Он небрежно и устало махнул рукой.

– Да, вы говорили. Но здесь другое, Вандергуд. В этом равнодушии нет оскорбления, а там… Я почувствовал это сразу, когда вы явились с вашими миллиардами. Не знаю, будет ли вам понятно, но мне сразу же захотелось кричать о ненависти, требовать эшафота и крови. Эшафот – дело мрачное, но любопытные возле эшафота, м-р Вандергуд, – вещь невыносимая! Не знаю, что «в ваших местах» говорят о нашей игре, но мы за нее расплачиваемся жизнью, и когда вдруг появляется любопытный господин в цилиндре и с сигарой, его хочется, понимаете, взять за шиворот и… Ведь все равно он никогда не досиживает до конца. Вы также ненадолго изволили заглянуть к нам, м-р Вандергуд?

Каким длительным стоном пронеслось во Мне имя: Мария!.. И Я не играл нисколько и уже не лгал нисколько, когда давал свой ответ мрачному человеку:

– Да, Я к вам ненадолго, синьор Магнус, вы угадали. По некоторым, довольно уважительным причинам я не могу ничего рассказать о белых страницах, которые вы также угадали за моим кожаным переплетом, но на одной из них было начертано: смерть – уход. Это не цилиндр был в руках у любопытного посетителя, а револьвер… вы понимаете: смотрю, пока интересно, а потом кланяюсь и ухожу. Из уважения к вашему реализму выражусь яснее и проще: на ближайших днях, быть может, завтра, Я отправляюсь на тот свет… нет, это недостаточно ясно: на ближайших днях или завтра Я стреляюсь, убиваю себя из револьвера. Сперва думал выстрелить в сердце, но в голову, кажется, будет надежнее. Задумано это давно, еще в самом начале Моего.. появления у вас, и не в этой ли готовности к уходу вы усмотрели Мое «нечеловеческое» равнодушие? Ведь правда: когда одним глазом смотришь на гот свет, то в глазу, обращенном на этот, едва ли может гореть особенно яркое пламя… как в ваших глазах хотя бы. О! у вас удивительные глаза, синьор Магнус.

Магнус помолчал и спросил:

– А Мария?

– Разрешите отвечать? Я слишком высоко ставлю синьорину Марию, чтобы не считать ее любви ко Мне роковой ошибкой.

– Но вы хотели этой любви?

– Мне очень трудно ответить на этот вопрос. Вначале да, пожалуй, у Меня мелькнули кое-какие мечты, но чём дальше Я вникал в это роковое сходство…

– Это только сходство, – с живостью поправил меня Магнус, – вы не должны быть ребенком, Вандергуд! Душа Марии возвышенна и прекрасна, но она живой человек из мяса и костей. Вероятно, у нее также есть свои маленькие грешки…

– А Мой цилиндр, Магнус? А мой свободный уход? Чтобы смотреть на синьорину Марию с ее роковым сходством, – пусть это будет только сходство, – Мне достаточно заплатить за кресло, но чем Я могу заплатить за ее любовь?

Магнус сурово промолвил:

– Только жизнью.

– Вы видите: только жизнью! Как же Я мог хотеть такой любви?

– Но вы не рассчитали: она уже любит вас.

– О! Если синьорина Мария действительно любит меня, то моя смерть не может быть препятствием… впрочем, я выражаюсь не совсем понятно. Хочу сказать, что Мой уход… нет, лучше Я ничего не скажу. Одним словом, синьор Магнус: теперь вы не согласились бы взять мои миллиарды в ваше распоряжение?

Он быстро взглянул на меня:

– Теперь?!

– Да. Теперь, когда мы уже не играем: Я в любовь, а вы в ненависть. Теперь, когда Я совсем ухожу и уношу с собою «останки» джентльмена? Выражусь совсем точно: вы не хотите ли быть Моим наследником?

Магнус нахмурился и гневно взглянул на меня: видимо, слова Мои он почел за насмешку. Но Я был серьезен и спокоен. Мне показалось, что большие белые руки его несколько дрожат. С минуту он сидел отвернувшись и вдруг круто обернулся:

– Нет! – крикнул он громко. – Вы снова хотите… нет!

Он топнул ногой и еще раз крикнул: нет! Его руки дрожали, дыхание было тяжело и прерывисто. Потом было долгое молчание, свист бури, шорохи и шепоты ветра. И тогда снова снизошло на Меня великое спокойствие, великий, мертвый, всеобъемлющий покой. Все стало вне Меня. Я еще слышал земных демонов бури, но голоса их звучали отдаленно и глухо, не трогая Меня. Я видел перед собою человека, и он был чужд Мне и холоден, как изваяние из камня. Один за другим прошли предо Мною, погасая, все дни Моей человечности, мелькнули лица, прозвенели слабо голоса и непонятный смех – и стихли. Я обратил взоры в другую сторону – и там встретило Меня безмолвие. Я был точно замуравлен между двумя каменными глухими стенами: за одной была ихняя, человеческая, жизнь, от которой Я отделился, за другой – в безмолвии и мраке простирался мир Моего вечного и истинного бытия. Его безмолвие звучало, его мрак сиял, трепет вечной и радостной жизни плескался, как прибой, о твердый камень непроницаемой Стены, – но были глухи Мои чувства и безмолвствовала Мысль, Из-под слабых ног Моей Мысли выдернули память, – и она повисла в пустоте, недвижная, мгновенно онемевшая. Что оставил Я за стеной моего Беспамятства?

Мысль не отвечала. Она была недвижна, пуста и молчала. Два безмолвия окружали Меня, два мрака покрывали мою голову. Две стены хоронили Меня, и за одною, в бледном движении теней, проходила ихняя, человеческая, жизнь, а за другою – в безмолвии и мраке простирался мир Моего истинного и вечного бытия. Откуда услышу зовущий голос? Куда шагну?

И в эту минуту прозвучал далекий и чуждый голос человека. Он становился все ближе, в нем звучала ласка. Это говорил Магнус. С усилием, содрогаясь от напряжения, Я старался услышать и понять слова, и вот что Я услышал:

– А не остаться ли вам жить, Вандергуд?

18 марта, Рим, палаццо Орсини

Вот уже три дня как Магнус и Мария живут в Риме, в Моем палаццо. Теперь он странно пуст и безмолвен и кажется действительно огромным. Нынче ночью, утомленный бессонницею, Я бродил по его лестницам и залам, по каким-то комнатам, которых раньше не видал, и количество их удивило Меня. Кое-где остались подмостки и леса, мольберты и краски, но Моих беспутных приятелей уже нет. Душа Марии изгнала все суетное и нечистое, и только благообразнейший Топпи торжественно болтается в пустоте, как маятник церковных часов. Ах, до чего он благообразен! Если бы не этот его широкий зад с расходящимися фалдами и не запах меха от головы, Я сам принял бы его за одного из святых, почтивших Меня своим знакомством.

Моих гостей Я почти не вижу. Я перевожу все Мое состояние в золото, и Магнус с Топпи и всеми секретарями целый день заняты этой работой; наш телеграф работает непрерывно. Со Мною Магнус говорит мало и только о деле. Марии… кажется, ее Я избегаю. В Мое окно Я вижу сад, где она гуляет, и пока этого с Меня достаточно. Ведь ее душа здесь, и светлым дыханием Марии наполнена каждая частица воздуха. И Я уже сказал, кажется, что у Меня бессонница.

Как видишь, друг, Я остался жить; мертвою рукою не написать даже таких мертвых слов, какие Я пишу, – мертвою рукою ничего написать нельзя, решительно ничего! Забудем прошлое! – как говорят помирившиеся любовники, – и станем с тобою друзьями. Дай Мне руку, товарищ! Клянусь вечным спасением, Я не буду больше ни выгонять тебя вон, ни смеяться над тобою: если Я потерял мудрость змия, то взамен получил кротость голубицы. Немного жаль, что Я выгнал Моих интервьюеров и художников: Мне не у кого спросить, кого Я напоминаю теперь моим просветленным ликом? Себе Я напоминаю напудренного негра, который боится рукавом стереть пудру и показать свою черную кожу… ах, у Меня все еще черная кожа!

Да, Я остался жить, но еще не знаю, насколько это удастся Мне: тебе известно, насколько трудны переходы из кочевого состояния в оседлое? Я был свободным краснокожим, веселым номадом, который свое человеческое раскидывает, как легкую палатку. Теперь Я из гранита закладываю фундамент для земного жилища, и Меня, маловерного, заранее охватывает холод и дрожь: будет ли тепло, когда белые снега опояшут мой новый дом! Что ты думаешь, друг, о различных системах центрального отопления?

В ту ночь Я обещал Фоме Магнусу, что не убью себя. Этот договор мы скрепили дружеским пожатием. Мы не открывали вен, мы не писали кровью, мы просто сказали «да», но этого достаточно: как тебе известно, только люди нарушают свои договоры, черти же всегда их исполняют… вспомни всех твоих волосатых и рогатых героев с их спартанской честностью! К счастью (назовем это «к счастью»), Я не назначил… срока. Клянусь вечным спасением! – Я был бы плохим королем и владыкою, если бы, строя дворец, не оставил для себя тайного хода наружу, маленькой дверки, скромной лазейки, в которую исчезают умные короли, когда их глупые подданные восстают и врываются в Версаль.

Я не убью себя завтра. Быть может, еще очень долго Я не убью себя: из двух стен Я перешагнул за самую низкую и ныне человечествую вместе с тобою, товарищ. Мой земной опыт еще не велик, и кто знает? – вдруг человеческая жизнь Мне очень понравится! Ведь дожил мой Топпи до седых волос и мирной кончины – отчего же и Мне, перейдя все возрасты, как времена года, не превратиться в почтенного седовласого старца, мудрого наставника и учителя, носителя заветов и склероза? Ах, этот смешной склероз, эти старческие немощи – это сейчас они пугают Меня, но разве Я не могу к ним привыкнуть за долгий совместный путь и даже полюбить их? Все говорят, что к жизни легко привыкнуть, – попробую привыкнуть и Я. Здесь все так хорошо устроено, что после дождя всегда приходит солнце и сушит мокрого, если он не поторопился умереть. Здесь все так хорошо устроено, что нет ни одной болезни, против которой не было бы лекарства… это так хорошо, можно всегда болеть, если близко аптека!

А на всякий случай – маленькая дверка, тайный ход, короткий, мокрый и темный коридор, за которым звезды и вся ширь моего необъятного пространства! Друг мой, Я хочу быть с тобою откровенен: в моем характере есть непокорство, и вот этого Я опасаюсь. Что такое кашель или катар желудка? – а вдруг Мне так не захочется кашля или каких-нибудь пустяков, что Я возьму и убегу! Сейчас ты Мне нравишься. Я готов заключить с тобою продолжительный и крепкий союз, но вдруг в твоем милом лице мелькнет что-то такое, что… нет, нельзя без тайной дверки для того, кто так капризен и непокорен! К несчастью, Я еще очень горд, это старый и всем известный порок Сатаны. Как рыба ударом в голову, Я оглушен моею человечностью, роковое Беспамятство гонит Меня в твою жизнь, но одно Я знаю твердо: Я из рода свободных, Я из племени владык, свою волю претворяющих в законы. Побежденных царей часто берут в плен, но никогда цари не делаются рабами. И когда над Моею головою Я увижу бич грязного надсмотрщика и мои скованные руки будут бессильны отвести удар… что же: Я останусь жить с рубцами на спине? Буду торговаться с судьями за лишний удар плети? Поцелую руку палача? Или в аптеку пошлю за примочкой?

Нет, пусть не осудит меня честный Магнус за маленькую неточность в нашем договоре: Я буду жить, но лишь до тех пор, пока хочу жить. Все блага человечности, которые он сулил Мне в ту ночь, когда искушался Сатана человеком, не вырвут оружия из моей руки: в нем единый залог моей свободы! Что все твои княжества и графства, все твои грамоты на благородство, твое золото на свободу, человече, рядом с этим маленьким и свободным движением пальца, мгновенно возносящим тебя на Престол всех Престолов!..

– Мария!

Да, Я боюсь ее. Взор ее очей так повелителен и ясен, свет ее любви так могуч, чарующ и прекрасен, что все дрожит во Мне, колеблется и стремится к немедленному бегству. Неведомым счастьем, смутными обещаниями, певучими грезами она искушает Меня! Крикну ли: прочь! – или, непокорному и злому, покориться ее воле и идти за нею?

Куда? Не знаю. Но все ли Я знаю? Или есть еще иные миры, кроме тех, которые Я забыл и знаю? Откуда этот неподвижный свет за моей спиною? Он становится все шире и ярче, его теплым прикосновением уже согревается моя душа, и ее полярные льды крошатся и тают. Но Я боюсь оглянуться. Не горит ли это проклятый Содом, и Я окаменею, оглянувшись? Или это новое солнце, которого Я еще не видал на земле, восходит за моей спиною, а Я бегу от него, как глупец, подставляю вместо сердца спину, вместо высокого чела – низкий и тупой затылок испуганного зверя?

Мария! Что ты дашь Мне за револьвер? Я заплатил за него десять долларов вместе с футляром, а с тебя – не возьму и царства! Но только не смотри на Меня, Владычица, иначе… иначе Я все отдам тебе даром: и револьвер, я футляр, и самого Сатану!

26 марта, Рим, палаццо Орсини

Уже пятую ночь Я не сплю. Когда погасает последний огонь в моем безмолвием палаццо, Я тихо спускаюсь по лестнице, тихо приказываю машину – почему-то Я боюсь даже шума своих шагов и голоса – и на всю ночь уезжаю в Кампанью. Там, оставив автомобиль на дороге, Я до рассвета брожу по гладкому шоссе или неподвижно сижу у каких-нибудь темных развалин. Меня совсем не видно, и редкие прохожие, какие-нибудь крестьяне из Альбано, говорят громко, не стесняясь. Мне нравится, что Меня не видно, это напоминает что-то, что Я забыл.

Как-то, сев на камень, Я потревожил ящерицу, – вероятно, это она слегка прошуршала травой у моих ног и скрылась. Может быть, это была змейка, не знаю. Но Мне ужасно захотелось стать ящерицей или маленькой змейкой, которой не видно под камнем: Меня неприятно волнует мои большой рост, все эти размеры ног и рук, с ними так трудно превратиться в невидимое. Еще Я избегаю смотреть в зеркало на свое лицо: больно думать, что у Меня есть лицо, которое все видят. Почему вначале Я так боялся темноты? Она так хорошо скрывает, и в ней можно растворять все ненужное. Должно быть, все животные, когда меняют кожу или броню, испытывают такой же смутный стыд, страх и беспокойство и ищут уединения.

Значит, Я меняю кожу? Ах, все это прежняя ненужная болтовня! Все дело в том, что Я не избежал взоров Марии и, кажется, готовлюсь замуравить последнюю дверь, которую Я так берег. Но Мне стыдно! – клянусь вечным спасением, Мне стыдно, как девушке перед венцом, Я почти краснею. Краснеющий Сатана… нет, тише, тише: его здесь нет! Тише!..

Магнус рассказал ей все. Она не повторила, что любит Меня, но взглянула и сказала:

– Обещайте мне, что вы не убьете себя.

Остальное сказал ее взор. Ты помнишь, как он ясен? Но не думай, что Я ответил поспешным согласием. Как саламандра в огне, Я быстро прошел все цвета пламени, и Я не повторю тебе тех огненных слов, которые извергла моя раскаленная преисподняя: Я забыл их. Но ты помнишь, как ясен взор Марии? И, целуя руку ее, Я сказал покорно:

– Сударыня! Я не прошу у вас сорока дней размышления и пустыни: пустыню я сам найду, а для размышления мне довольно недели. Но неделю Мне дайте и… пожалуйста, не смотрите на меня больше, иначе…

Нет, Я сказал не так, а как-то другими словами, но это все равно. Теперь Я меняю кожу. Мне больно, стыдно и страшно, потому что всякая ворона может увидеть и заклевать Меня. Какая польза в том, что в кармане у Меня револьвер? Только научившись попадать в себя, сумеешь убить и ворону: вороны это знают и не боятся трагически отдутых карманов.

Вочеловечившийся, пришедний сверху, Я до сих пор только наполовину принял человека. Как в чужую стихию, Я вошел в человечность, но не погрузился в нее весь: одной рукою Я еще держусь за мое Небо, и еще на поверхности волн мои глаза. Она же приказывает, чтобы Я принял человека всего: только тот человек, кто сказал: никогда не убью себя, никогда сам не уйду из жизни. А бич? А проклятые рубцы на спице? А гордость?

О Мария, Мария, как страшно ты искушаешь Меня!

Смотрю в прошлое Земли и вижу мириады тоскующих теней, проплывающих медленно через века и страны. Это рабы. Их руки безнадежно тянутся ввысь, их костлявые ребра рвут тонкую и худую кожу, их глаза полны слез и гортань пересохла от стонов. Вижу безумство и кровь, насилие и ложь, слышу их клятвы, которым оии изменяют непрерывно, их молитвы Богу, где каждым словом о милости и пощаде они проклинают свою землю. Как далеко ни взгляну, везде горит и дымится в корчах земля; как глубоко ни направлю мой слух, отовсюду слышу неумолчные стоны: или и чрево земли полно стенающих? Вижу полные кубки, но к какому ии протянулись бы мои уста, в каждом нахожу уксус и желчь: или нет других напитков у человека? И это – человек?

Я знал их и прежде. Я видел их и раньше. Но Я смотрел на них так, как Август из своей ложи смотрел на вереницу жертв: «Здравствуй, Цезарь! Идущие на смерть приветствуют тебя», И Я глядел на них глазами орла, и даже кивком не хотела почтить их стонущего крика моя мудрая златовенчанная голова: они появлялись и исчезали, они шли бесконечно – и бесконечно было равнодушие моего цезарского взгляда. А теперь… неужели это Я торопливо шагаю, поднимая песок арены? И это Я, этот грязный, худой, голодный раб, что задрал вверх свое тюремное лицо и хрипло орет в равнодушные глаза Судьбы:

– Аве, Цезарь! Аве, Цезарь!

Вот острый бич взвился над моей спиною, и я с криком боли падаю ниц. Господин ли это бьет меня? Нет, это другой раб, которому велели бичевать раба: ведь сейчас же плеть будет в моей руке, и его спина покроется кровью, и он будет грызть песок, который еще скрипит на моих зубах!

О Мария, Мария, как страшно ты искушаешь Меня!

III

29 марта, Рим

Купи самой черной краски, возьми самую большую кисть и широкой чертой раздели мою жизнь на вчера и сегодня. Возьми жезл Моисея и раздели текучее время, как поток, осуши дно времени – лишь тогда ты почувствуешь мое сегодня.

Ave, Gaesar, moriturus te salutat![4]

2 апреля, Рим, палаццо Орсини

Я не хочу лгать. Во мне еще нет любви к тебе, человече, и если ты уже успел раскрыть объятья, то, пожалуйста, закрой их: еще не настало время для жарких лобзаний. Потом, когда-нибудь мы и обнимемся с тобою, а пока будем сдержанны и холодны, как два джентльмена в несчастье. Не скажу, чтобы и уважение мое к твоей личности заметно возросло, хотя твоя жизнь и твоя судьба стали моей жизнью и моей судьбою: достаточно того, что я добровольно подставил шею под ярмо, и теперь один и тот же кнут будет полосовать наши спины.

Да, пока достаточно и этого. Ты заметил, что большая буква снята с моего «я»? – она выброшена мною вместе с револьвером. Это знак покорности и равенства, ты понимаешь? Быть равным с тобою – вот клятва, которую я принес себе и Марии. Как король, я присягнул на верность твоей конституции, но не изменю клятве, как король: от прежней жизни моей я сохранил уважение к договорам. Клянусь, я буду верным твоим товарищем по общей каторге нашей и не убегу один!

За эти последние ночи перед решением я много думал о нашей жизни. Она гнусна, это правда? Тяжело и оскорбительно быть этой штучкой, что называется на земле человеком, хитрым и жадным червячком, что ползает, торопливо множится и лжет, отводя головку от удара, – и сколько ни лжет, все же погибает в назначенный час. Но я буду червячком. Пусть у меня родятся дети, пусть и мою размышляющую головку в назначенный час раздавит неразмышляющая нога – я покорно принимаю все это. Мы оба оскорблены с тобою, товарищ, и в этом уже есть маленькое утешение: ты будешь слушать мои жалобы, а я твои, а если дойдет дело до суда, то

---

[4] Слава тебе, Цезарь, идущие на смерть приветствуют тебя! (лат.).

вот уже готовы и свидетели! Это хорошо, когда убивают на площади, – всегда есть очевидцы и свидетели.

Буду и лгать, если придется. Не той свободной ложью игры, которою лгут и пророки, а той вынужденной заячьей ложью, когда приходится прятать уши и летом быть серым, а на зиму белеть. Что поделаешь, когда за каждым деревом прячется охотник с ружьем! Это со стороны кажется неблагородным поступком и вызывает осуждение, а нам с тобою надо жить, товарищ. Пусть сторонние осуждают нас и дальше, но, когда понадобится, будем лгать и по-волчьи: выскакивать внезапно и хватать за горло; надо жить, брат, надо жить, и виноваты ли мы, что в горячей крови так много соблазна и вкуса! В сущности, ведь ни ты, ни я не гордимся ни ложью, ни трусостью, ни свирепостью нашей, и кровожадны мы отнюдь не по убеждению.

Но как ни гнусна наша жизнь, еще более она несчастна – ты согласен с этим? Я еще не люблю тебя, человече, но в эти ночи я не раз готов был заплакать, думая о твоих страданиях, о твоем измученном теле, о твоей душе, отданной на вечное распятие. Хорошо волку быть волком, хорошо зайцу быть зайцем и червяку червяком, их дух темен и скуден, их воля смиренна, но ты, человече, вместил в себя Бога и Сатану – и как страшно томятся Бог и Сатана в этом тесном и смрадном помещении! Богу быть волком, перехватывающим горло и пьющим кровь! Сатане быть зайцем, прячущим уши за горбатой спиной! Это почти невыносимо, я с тобой согласен. Это наполняет жизнь вечным смятением и мукой, и печаль души безысходна.

Подумай: из троих детей, которых ты рождаешь, один становится убийцей, другой жертвой, а третий судьей и палачом. И каждый день убивают убийц, а они все рождаются; и каждый день убийцы убивают совесть, а совесть казнит убийц, и все живы: и убийцы и совесть. В каком тумане мы живем! Послушай все слова, какие сказал человек со дня своего творения, и ты подумаешь: это Бог! Взгляни на все дела человека с его первых дней, и ты воскликнешь с отвращением: это скот! Так тысячи лет бесплодно борется с собою человек, и печаль души его безысходна, и томление плененного духа ужасно и страшно, а последний Судья все медлит своим приходом… Но он и не придет никогда, это говорю тебе я: навсегда одни мы с нашей жизнью, человече!

Приму и это. Еще не нарекла меня своим именем Земля, и не знаю, кто я: Каин или Авель? Но принимаю жертву, как принимаю и убийство. Всюду за тобою и всюду с тобою, человече. Будем сообща вопить с тобою в пустыне, зная, что никто нас не услышит… а может, и услышит кто-нибудь? Вот видишь: я уже вместе с тобою начинаю верить в чье-то Ухо, а скоро поверю к в треугольный Глаз… ведь не может быть, честное слово, чтобы такой концерт не имел слушателя, чтобы такой спектакль давался при пустом зале!

Думал я о том, что меня еще ни разу не били, и мне страшно. Что будет с моей душою, когда чья-то грубая рука ударит меня по лицу… что будет со мною! Ведь я знаю, что никакая земная расплата не вернет мне моего лица, и что будет тогда с моею душою?

Клянусь, приму и это. Всюду за тобой и всюду с тобой, человече. Что мое лицо, когда ты своего Христа бил по лицу и плевал в его глаза? Всюду за тобой! А надо будет, сам ударю Христа вот этой рукой, что пишу: всюду за тобой, человече. Били нас и будут бить, били мы Христа и будем бить… ах, горька наша жизнь, почти невыносима!

Еще недавно я оттолкнул твои объятия, сказал: рано. Но сейчас говорю: обнимемся крепче, брат, теснее прижмемся друг к другу – так больно и страшно быть одному в этой жизни, когда все выходы из нее закрыты. И я еще не знаю, где больше гордости и свободы: уйти ли самому, когда захочешь, или покорно, не сопротивляясь, принять тяжелую руку палача? Сложить руки на груди, одну ногу слегка выставить вперед и, гордо закинув голову, спокойно ждать:

– Исполняй свою обязанность, палач!

Или:

– Вот моя грудь, солдаты: стреляйте!

В этой позе есть пластичность, и она мне нравится. Но еще больше нравится мне то, что в ней каким-то странным образом снова возрождается мое большое Я. Конечно, палач не замедлит исполнить свою обязанность, и солдаты не опустят ружей, но важна линия, важно мгновение, когда перед самою смертью я вдруг почувствую себя бессмертным и стану шире жизни. Странно, но лишь одним поворотом головы, одной фразочкой, сказанной или подуманной вовремя, я как бы изъемлю мой дух из оборота, и вся неприятная операция происходит вне меня. И когда смерть щелкнет выключателем, ее мрак не покроет света, который ранее отделил себя и рассеялся в пространстве, чтобы снова собраться где-то и засиять… но где?

Странно, странно… Я шел от человека – и оказался у той же стены Беспамятства, которую знает один Сатана. Как много значит поза, однако! Это надо запомнить. Но будет ли так же убедительна поза и не потеряет ли она в своей пластичности, если вместо смерти, палача и солдат придется сказать иное… хотя бы так:

– Вот мое лицо: бейте!

Не знаю, почему так заботит меня лицо, но оно меня очень заботит, сознаюсь тебе, человече, – беспокоит чрезвычайно. Нет, пустяки, Изъемлю дух из оборота. Пусть, пусть бьют! Когда дух изъят, то это не больнее и не оскорбительнее, чем если бы ты стал бить мое пальто на вешал

...Но я совсем забыл, что я не один, и, находясь в твоем обществе, впадаю в неприличную задумчивость. Уже полчаса, как я молчу над этой бумагой, а казалось мне, что я все время говорю – и очень оживленно! Забыл, что мало думать, а надо еще говорить! Как жаль, человече, что для обмена мыслями мы должны прибегать к услугам такого скверного и вороватого комиссионера, как слово, – он крадет все ценное и лучшие мысли портит своими магазинными ярлыками. Скажу по правде: это огорчает меня больше, нежели смерть и побои.

Меня пугает необходимость умолкать, когда я дохожу до необыкновенного, которое невыразимо. Как реченька, я бегу и движусь вперед только до океана: в его глубинах кончается мое журчание. В себе самом, не двигаясь и не уходя, взад и вперед колышется океан. На землю он бросает только шум и брызги, а глубина его нема и неподвижна, и бестолково ползают по ней легкие кораблики. Как выражу себя?

До того, как принять решение и зачислиться в земные рабы, я не говорил ни с Марией, ни с Магнусом... зачем говорить мне с Марией, когда воля ее ясна, как и взор? Но, став рабом, пошел к Магнусу жаловаться и советоваться – по-видимому, с этого начинается человеческое.

Магнус слушал меня молча и, как показалось, несколько рассеянно. Он работает день и ночь, почти не зная отдыха, и сложное дело ликвидации так быстро подвигается в его энергичных руках, как будто вею жизнь он занимался только этим. Мне нравится его размах и великолепное презрение к мелочам: в запутанных случаях он выбрасывает спорные миллионы с легкостью и грацией вельможи... Но он очень устал, его глаза кажутся теперь больше и темнее на бледном лице, и, кроме того, – как я только теперь узнал от Марии – его мучат частые головные боли

Мои жалобы на жизнь, боюсь, не вызвали в нем особенного сочувствия. Какие обвинения я ни возводил на человека и его жизнь, Магнус нетерпеливо соглашался:

– Да, да, Вандергуд, это и есть – быть человеком. Ваше несчастье в том, что вы догадались об этом несколько поздно и теперь излишне волнуетесь. Когда вы испытаете хоть часть того, что теперь так пугает вас, вы будете говорить иначе. Впрочем, я радуюсь, что равнодушие уже оставило вас: вы стали значительно нервнее и подвижнее. Но откуда в ваших глазах этот чрезмерный страх? Встряхнитесь, Вандергуд!

Я засмеялся.

– Благодарю вас, я уже встряхивался. По-видимому, это смотрит из моего глаза раб, ожидающий плети… потерпите, Магнус, я еще не совсем привык. Скажите, мне придется совершать или совершить… убийство?

– Очень возможно.

– А вы не скажете мне, как это происходит?

Мы оба одновременно взглянули на его большие белые руки, и Магнус ответил слегка иронически:

– Нет, этого я вам не скажу. Но если хотите, я расскажу вам другое: о том, что значит до конца принять человека, – ведь именно это вас волнует?

И с большой холодностью, с каким-то тайным нетерпением, как будто другая мысль поглощала все его внимание, он коротко рассказал мне об одном невольном и страшном убийце. Не знаю, передавал ли он факт или нарочно для меня сочинил эту мрачную побасенку, но дело заключалось в следующем. Это было давно; один русский, политический ссыльный, человек очень образованный и в то же время религиозный, что еще встречается в России, бежал с каторги и, после долгого и мучительного блуждания по сибирским лесам, нашел приют у каких-то сектантов-изуверов. Огромные бревенчатые свежие хижины в дремучем лесу, высокие заборы, огромные бородатые люди, огромные злые собаки – что-то в этом роде. И как раз в его присутствии должно было совершиться чудовищное преступление: эти сумасшедшие мистики под влиянием каких-то диких религиозных представлений должны были заклать невинного агнца, то есть на самодельном алтаре, при пении гимнов, убить ребенка. Всех мучительных подробностей Магнус не передал, ограничившись только кратким указанием, что это был семилетний мальчик в новой рубашечке и что здесь же присутствовала его еще молодая мать. Все разумные доводы, все убеждения ссыльного, что они готовятся свершить величайшее кощунство, что не милость господня ждет их, а страшнейшее мучение ада, оказались бессильны перед тупым и страстным упорством фанатиков. Он становился на колени, умолял, плакал, хватался рукою за нож – в эту минуту жертва, уже обнаженная, лежала на столе и мать старалась утишить ее слезы и крики, – но этим привел фанатиков только в бешенство: они пригрозили убить и его… Магнус взглянул на меня и как-то особенно холодно и медленно произнес:

– А как бы вы поступили в этом случае, мистер Вандергуд?

– Конечно, я боролся бы, пока не был бы убит!

– Да? Он поступил лучше. Он предложил свои услуги и своей рукою, при соответствующем пении, перерезал мальчику горло. Вас это удивляет? Но он сказал: лучше на себя возьму этот страшный грех и кару за него, нежели отдам аду этих невинных глупцов. Конечно, такие вещи случаются только с русскими, и мне кажется, что и сам он был несколько сумасшедшим. Он и умер впоследствии в сумасшедшем доме.

После некоторого молчания я спросил:

– А как бы вы поступили, Магнус?

И еще холоднее он ответил:

– Право, не знаю. Это зависело бы от минуты. Очень возможно, что просто ушел бы от этих зверей, но возможно, что и... Человеческое безумие весьма заразительно, м-р Вандергуд!

– Вы называете это только безумием?

– Я сказал: человеческое безумие. Но здесь дело в вас, Вандергуд: как вам это нравится? Я иду работать, а вы подумайте, где граница человеческого, которое вы сполна хотите принять, и потом скажите мне. Ведь вы не раздумали, надеюсь, остаться с нами?

Он усмехнулся с снисходительной ласковостью и вышел, а я остался думать. И вот думаю: где граница?

Признаюсь еще, что я начал как-то нелепо побаиваться Фомы Магнуса... или и этот страх – один из новых даров моей полной человечности? Но когда он так говорит со мною, мною овладевает странное смущение, мои глаза робко мигают, моя воля сгибается, как будто на нее положили неизвестный мне, но тяжелый груз. Подумай, человече: я с почтением жму его большую руку и радуюсь его ласке! Раньше этого не было со мною, но теперь при каждом разговоре я ощущаю, что этот человек во всем может идти дальше меня.

Боюсь, что я ненавижу его. Если я не испытывал еще любви, то я не знаю и ненависти, и так странно будет, если ненависть я должен буду начать с отца Марии!.. В каком тумане мы живем, человече! Вот я произнес имя Марии, вот духа моего коснулся ее ясный взор, и уже погасла и ненависть к Магнусу (или я выдумал ее?), и уже погас страх перед человеком и жизнью (или я выдумал и это?), и великая радость, великий покой нисходят на мою душу.

Будто снова я белая шхуна на зеркальном океане. Будто, все ответы я держу в своей руке и мне только лень разжатьр ее и прочесть. Будто вернулось ко мне бессмертие мое... ах, я больше не могу говорить, человече! Хочешь, я крепко пожму твою руку?

4 апреля 1914 г.

Добрейший Топпи одобряет все мои поступки. Он очень развлекает меня, этот добрейший Топпи. Как я и ожидал, он совершенно забыл свое истинное происхождение: все мои напоминания о нашем прошлом он считает шуткой, иногда смеется, но чаще обиженно хмурится, так как очень религиозен, и даже шуточное сопоставление его с «рогатым» чертом кажется ему оскорбительным, – он сам убежден теперь, что черти рогаты. Его американизм, вначале бывший бледным и слабым, как карандашный набросок, теперь налился красками, и я сам готов поверить всей чепухе, которую Топпи выдает за свою жизнь, – так она искренна и убедительна. По его словам, он служит у меня уже около пятнадцати лет, и особенно смешно послушать его рассказы о моей молодости.

По-видимому, и его коснулись чары Марии: мое решение отдать все деньги ее отцу удивило его меньше, нежели я ожидал. С минуту он молча пососал свою сигару и спросил:

– А что он будет делать с вашими деньгами?

– Не знаю, Топпи.

Он удивленно и хмуро поднял брови:

– Вы шутите, м-р Вандергуд?

– Видишь ли, Топпи: пока мы, то есть Магнус занят тем, что все мое состояние превращает в золото и распихивает его по банкам – на свое имя, ты понимаешь?

– О! Как не понять, м-р Вандергуд.

– Это предварительные, необходимые шаги. А что будет дальше… я пока еще не знаю.

– О! Вы опять шутите?

– Вспомни, старина, что я и сам не знал, что мне делать с моими деньгами. Мне нужны не деньги, а новая деятельность: ты понимаешь? Магнус же знает. Мне еще неизвестен его план, но мне важно то, что сказал мне Магнус: я заставлю вас самого работать, Вандергуд! О, Магнус великий человек, ты это увидишь, Топпи!

Топпи хмуро ответил:

– Вы хозяин вашим деньгам, м-р Вандергуд.

– Ах, ты все забыл и все перепутал, Топпи! Но ты помнишь об игре? о том, что я хотел играть?

– Да, вы что-то говорили. Но мне и тогда казалось, что вы шутите.

– Нет, я не шутил, но я ошибся. Здесь играют, но это не театр. Это игорный дом, Топпи, и я отдаю деньги Магнусу: пусть он мечет банк. Ты понимаешь? Он банкомет, он создает всю игру, а я буду ставить… ну, жизнь, что ли!

Видимо, старый шут ничего не понял. С усилием раза три передвинув брови вверх и вниз, он вдумчиво спросил:

– А как скоро ваше венчание с синьориной Марией?

– Еще не знаю, Топпи. Но дело не в этом. Я вижу, ты чем-то недоволен. Ты не доверяешь Магнусу?

– О! Синьор Магнус достойный человек. Но одного я боюсь, м-р Вандергуд, если позволите быть откровенным: он человек неверующий. Мне это странно, как отец синьорины Марии может быть человеком неверующим, но это так. Позвольте спросить: вы что-нибудь дадите его преосвященству?

– Это теперь зависит от Магнуса.

– О! От синьора Магнуса? Так, так. А вы знаете, что его преосвященство уже был у синьора Магнуса? Приезжал на днях и пробыл в кабинете около часу, вас тогда не было дома.

– Нет, не знаю. Мы об этом еще не говорили, но ты не бойся: что-нибудь мы дадим твоему кардиналу. Сознайся, старина: ты совсем очарован этой старой обезьяной?

Топпи сурово взглянул на меня и вздохнул. Потом задумался… и странное дело! – в его чертах появилось что-то обезьянье, как у кардинала. Потом где-то очень глубоко в нем засветилась улыбка, озарила свисший нос, поднялась к глазам и вспыхнула в них двумя острыми огоньками, не лишенными блудливого ехидства. Я смотрел с удивлением и даже радостью: да это мой старый Топпи вылезал из своей человеческой могилы… убежден, что и волосы его вместо ладана снова пахнут мехом! С большой нежностью я поцеловал его в темя – старые привычки неискоренимы! – и воскликнул:

– Ты очарователен, Топпи! Но что так обрадовало тебя?

– Я все ждал, покажет ли он кардиналу Марию?

– Ну?

– Не показал!

– Ну?!

Но Топпи молчал. И тем же путем, как пришла, медленно исчезла усмешка: сперва потух и потемнел свисший нос, потом сразу погасли живые огоньки в глазах – и снова то же обезьянье уныние, кислота и запах церковного притвора погребли на мгновение воскресшего. Было бесполезно тревожить этот прах дальнейшими вопросами.

Это было вчера. Днем был теплый дождь, но к вечеру прояснело, и утомленный Магнус, – кажется, у него болела голова, – предложил втроем проехаться в Кампанью. Как всегда бывало при наших интимных поездках, шофера мы не брали: его обязанности с необыкновенным искусством и смелостью исполнял Магнус. В этот раз свою обычную смелость он довел до дерзости: несмотря на сгущавшиеся сумерки и грязноватую дорогу, Магнус вел автомобиль с такой бешеной быстротой, что я не раз с беспокойством поглядывал на его широкую неподвижную спину. Но это было только вначале: близость Марии, которую я поддерживал рукою (не смею сказать: обнимал!), скоро привела меня к потере всех земных ощущений. Я не могу тебе рассказать, человече, так хорошо, чтобы ты это почувствовал – ни о пахучем воздухе Кампаньи, который обвевал мое лицо, ни о прелести и чарах стремительного бега, ни об этой потере материального веса, почти полном исчезновении тела, когда самому себе кажешься только стремящейся мыслью, летящим взглядом…

Но еще меньше я могу рассказать тебе о Марии. Ее лик Мадонны белел в сумерках, как мрамор; таинственным безмолвием мрамора, его совершенной красоты было ее кроткое, милое и мудрое молчание. Я сле касался рукою ее тонкого и гибкого стана, но если бы я обнимал и держал в руке всю твердь земную и небесную, я не испытал бы более полного чувства обладания всем миром Ты знаешь, что такое линия в мерах? Немного, правда. И всего только на линию склонялось ко мне божественное тело Марии, – нет, не больше! – но что бы ты сказал, человече, если бы солнце, сойдя с своего пути всего на линию, на эту линию приблизилось к тебе? Разве ты не сказал бы, что это чудо?

Мое существование казалось мне необъятным, как вселенная, которая не знает ни твоего времени, ни твоего пространства, человече! На мгновение мелькнула передо мною черная стена моего Беспамятства, та неодолимая преграда, пред которою смущенно бился дух вочеловечившегося, – и скрылась так же мгновенно: ее без шума и борьбы поглотили волны моего нового моря. Все выше поднимались они, заливая мир. Мне уже нечего было ни вспоминать, ни знать: все помнила и всем владела моя новая человеческая душа. Я человек!

Откуда я выдумал, что я ненавижу Магнуса? Я взглянул на эту неподвижную, прямую твердую человеческую спину, подумал, что за нею бьется сердце, и о том, как трудно, больно и страшно ей быть прямой и твердой, и о том, сколько боли и страданий уже испытало это человеческое существо, как оно ни гордится и ни хмурится, – и вдруг почувствовал, что я до боли, до слез люблю Магнуса, вот этого Магнуса! Он так быстро едет и не боится! А в ту минуту, как я думал это, на меня обратились взоры Марии… ах, ночью они так же ясны, как и днем! Но теперь в них было легкое беспокойство, они спрашивали: о чем эти слезы?

Что мог я ответить какими-то дурацкими словами! Я молча взял руку Марии и приложил к губам. И все так же не сводя с меня своих ясных очей, светлея мрамором и холодом своего лика, она тихо отвела руку – я смутился – и вновь дала ее мне, сняв перчатку. Позволишь дальше не продолжать, человече? Я не знаю, кто ты, читающий эти строки, и немного боюсь тебя… твоей слишком быстрой и смелой фантазии, да и неудобно такому джентльмену, как я, рассказывать о своем успехе у дам.

Тем более что и возвращаться пора: на горе уже заблестели огни Тиволи, и Магнус замедлил ход машины.

Обратно мы ехали совсем тихо, и повеселевший Магнус, вытирая платком потный лоб, изредка обращался к нам с короткими замечаниями. Не скрою одной своей мысли: ее несомненная человечность интересно отмечает всю полноту моего перерождения, – когда мы поднимались по широкой лестнице моего палаццо, среди его царственной красоты и богатства, я вдруг подумал: «А не послать ли мне к черту всю эту авантюру с человечностью? Просто – жениться и жить князем в этом дворце. Будет свобода, будут дети и их смех, будет простое земное счастье и любовь. Зачем я отдал деньги этому господину? Как глупо!»

Искоса я взглянул на Магнуса, – и он показался мне чужим: «отберу деньги!» Но дальше я увидел строгий лик моей Марии, – несоответствие ее любви с этим планом маленького скромненького счастья было так велико и разительно, что даже не потребовалось ответа. И сейчас эта мыслишка вспомнилась случайно, как один из курьезов «топпизма» – я буду называть это «топпизмом» в честь моего совершеннейшего Топпи.

И вечер был очарователен. По желанию Магнуса, Мария пела, и ты не можешь представить того благоговения, с каким слушал ее Топпи! Самой Марии он ничего не посмел сказать, но, уходя спать, долго и с выражением тряс мою руку, потом так же долго и с выражением раскачивал большую руку Магнуса. Я также поднялся, чтобы идти к себе.

– Вы еще будете работать, Магнус?

– Нет. Вы не хотите спать, Вандергуд? Пойдемте ко мне поболтаем. Кстати, вам надо подписать одну бумагу. Хотите вина?

– О! С удовольствием, Магнус. Я также люблю ночные беседы.

Мы выпили вина. Магнус, что-то насвистывая без звука, бесшумно ходил по ковру, я, по обыкновению, полулежал в кресле. Палаццо был безмолвен, как саркофаг, и это напомнило ту беспокойную ночь, когда за стеною бесновался сумасшедший Март. Вдруг Магнус громко сказал, не останавливаясь:

– Дело идет прекрасно.

– Да?

– Через две недели все будет кончено. Ваше пухлое и разбросанное состояние, в котором можно заблудиться, как в лесу, превратится в ясный, отчетливый и тяжелый золотой комок... вернее, в небольшую гору. Вы точно знаете цифру ваших денег, Вандергуд?

– Оставьте, Магнус. Я не хочу знать. И это ваши деньги.

Магнус быстро взглянул на меня и резко подчеркнул:

– Нет, это ваши.

Я покорно пожал плечами: мне не хотелось спорить. Было так тихо, и мне так нравилось смотреть на этого сильно и бесшумно шагающего человека – я еще помнил его неподвижную и суровую спину, за которой впервые мне так ясно представилось его сердце. Он продолжал после некоторого молчания:

– Вы знаете, Вандергуд, что кардинал был здесь?

– Старая обезьяна? Знаю. Что ему понадобилось?

– То же. Он хотел видеть вас, но я не стал отрывать вас от ваших мыслей.

– Благодарю. Вы его выгнали?

Магнус сердито проворчал:

– К сожалению, нет. Не гримасничайте, Вандергуд.

Я уже говорил вам, что с ним необходимо быть осторожным, пока... мы здесь. Но в том, что он старая, бритая, негодная, злая, жадная, трусливая обезьяна, – вы совершенно правы!

– Ого! А выгнать нельзя?

– Нельзя.

– Я вам верю, Магнус. А чего надо этому королю, который благоволит на днях посетить нас?

– Экс-король? Вероятно, того же. Вы сами должны его принять, конечно.

– Но в вашем присутствии? Не иначе. Поймите, дорогой друг, что с той ночи я только ваш ученик. Вы находите, что нельзя выгонять старой обезьяны? Прекрасно, пусть остается. Вы говорите, что надо принять какого-то экс-короля? Прекрасно, примем. Но я позволю линчевать себя на первом фонаре, если я знаю, зачем это надо.

– Вы опять несерьезны, Вандергуд.

– Нет, я очень серьезен, Магнус. Но, клянусь вечным спасением, я решительно не знаю, что мы делаем и что будем делать? Я не упрекаю вас, я вас даже не спрашиваю: как я уже сказал, я вам верю и всюду следую за вами. Чтобы вы снова не упрекнули меня в легкомыслии и непрактичности, добавлю деловую подробность: залогом служит мне Мария и ее любовь. Да, я еще не знаю, куда вы обратите вашу волю, на что вы захотите истратить вашу энергию, в неистощимости которой я убеждаюсь с каждым новым днем, к каким замыслам и целям приведет вас или уже привел ваш опыт и ум, – но одно для меня несомненно: это будут огромные дела, это будут великие цели. И возле вас всегда найдется дело и для меня... во всяком случае, это будет лучше моих безмозглых старух и шести слишком умных секретарей. Почему вы не хотите верить в мою скромность, как я верю в ваш... гений? Вообразите, что я пришелец с какой-то другой планеты, с Марса, например, и теперь хочу самым серьезным образом проделать опыт человека… это очень просто, Магнус!

Несколько мгновений Магнус хмуро смотрел на меня – и вдруг рассмеялся:

– Нет, вы действительно пришелец с какой-то планеты, Вандергуд!.. А если ваше золото я употреблю на зло?

– Зачем? Разве это так интересно?

– Гхм… Вы думаете, что это неинтересно?

– Да и вы думаете так же. Для маленького зла вы слишком большой человек, как и миллиарды слишком большие деньги, а большое зло… честное слово, я еще не знаю, что это значит большое зло? Может быть, это значит: большое добро? Среди недавних моих размышлений, когда я… одним словом, пришла такая странная мысль: кто приносит больше пользы человеку: тот, кто ненавидит его, или тот, кто любит? Вы видите, Магнус, как я еще несведущ в человеческих делах и как я… готов на все.

Уже без смеха и с крайним, как мне показалось, любопытством Магнус всего меня измерял глазами, будто решая вопрос: сидит ли перед ним сплошной дурак или первейшая умница Америки. Судя по его вопросу, он был ближе ко второму мнению:

– Значит, если я верно понял ваши слова, – вас ничто не устрашит, м-р Вандергуд?

– Думаю, что ничто.

– А убийство… много убийств?

– Вы помните, где вы наметили вашим рассказом о мальчике границу человеческого? Чтобы не произошло ошибки, я еще на несколько километров отодвинул ее вперед – этого хватит?

В глазах Магнуса выразилось что-то вроде уважения… черт его возьми, однако! – он, кажется, действительно принимал меня за простофилю. Продолжая быстро ходить по комнате, он несколько раз пытливо, точно желая вспомнить и проверить мои слова, взглянул на меня – и быстрым движением коснулся моего плеча:

– Вы занятная голова, Вандергуд. Жаль, что я не знал этого раньше.

– Почему жаль?

– Так, пустое. Нет, мне интересно, как вы будете говорить с королем: наверное, он предложит вам очень большое зло. А большое зло – большое добро, не так ли? – Он рассмеялся и дружески кивнул мне:

– Не думаю. Скорее, он предложит мне большую глупость.

– Гхм!.. А большая глупость не есть ли большой ум? – И, он снова рассмеялся, но вдруг нахмурился и серьезно добавил: – Не обижайтесь, Вандергуд. Мне очень понравилось, что вы говорили, и это хорошо, что вы ни о чем меня не спрашиваете: сейчас я не мог бы ответить на ваши вопросы. Но кое-что могу сказать и сейчас… в общих чертах, конечно. Вы слушаете?

– С большим вниманием.

Магнус сел против меня и, отхлебнув вина, спросил с видом странной сосредоточенности:

– Как вы относитесь к взрывчатым веществам?

– С большим уважением.

– Да? Похвала холодная, но большего они и не стоят. А было время, когда я готов был молиться динамиту, как откровению… этот шрамик на лбу один из следов моего юношеского увлечения. С тех пор я сделал большие успехи в химии и во многом другом, – и это охладило мою страсть. Недостаток всякого взрывчатого вещества, начиная с пороха, заключается в том, что взрыв действует на ограниченном пространстве и поражает только ближайшие предметы: для войны этого, пожалуй, достаточно, но этого мало для более широких задач. Кроме того, как сила узкоматериальная, динамит или порох требует для себя непрерывно направляющей руки: сам по себе он глуп, слеп и глух, как крот. Правда в мине Уайтхеда есть попытка скопировать сознание, позволяющая снаряду самому исправлять свои небольшие ошибки и как бы видеть цель, но это лишь жалкая пародия на глаза…

– А вы хотели бы, чтобы ваш «динамит» имел сознание, волю и глаза?

– Вы правы, я этого хотел. И мой новый динамит все это имеет: волю, сознание и глаза.

– Я еще не знаю цели, но это… страшно.

Магнус хмуро улыбнулся:

– Страшно? Боюсь, однако, что ваш страх перейдет в смех, когда я назову вам имя моего динамита. Это человек. Вы еще не рассматривали человека под этим углом, Вандергуд?

– Сознаюсь, что нет. Как и динамит под углом психологии. Но мне вовсе не смешно.

– Химия! Психология! – сердито воскликнул Магнус. – Это все оттого, что знания разделены и рука с полными десятью пальцами сейчас редкость. Вы, и я, и ваш Топпи – все мы снаряды, одни уже начиненные и готовые, другие – еще нуждающиеся в зарядке. И весь вопрос в том, вы понимаете, как зарядить снаряд, а главное: как взорвать его? Вы знаете, конечно, что для различных препаратов требуются и особые способы взрыва.

Я не стану приводить здесь той лекции о взрывчатых веществах, что с величайшим жаром и увлечением прочел мне Магнус: мне впервые пришлось увидеть его в таком волнении. Несмотря на захватывающий интерес темы, как выражаются мои друзья-журналисты, я слушал только наполовину и больше разглядывал череп, вмещающий в себе столь обширные и опасные знания. В силу ли внушения, которое шло от Магнуса, или от простого утомления этот круглый череп, сверкающий огнями глаз, постепенно стал превращаться в моих глазах в настоящий взрывчатый снаряд, в готовую бомбу с светящимся фитилем... Я вздрогнул, когда Магнус небрежно бросил на стол тяжелый предмет, похожий на брусок серо-желтоватого мыла, и невольно вскрикнул:

– Что это?

– По виду – мыло или воск. По силе – это Дьявол. Достаточно половины этого бруска, чтобы стереть с поверхности храм святого Петра. Но это капризный Дьявол. Его можно бить, рубить на части, жечь в печке, и он останется безмолвным: динамитный патрон разорвет его, но не вызовет гнева. Я могу бросить его на улицу, под ноги лошадей, его будут грызть собаки, им станут играть дети, – и он останется равнодушным. Но стоит мне кольнуть его током высокого напряжения – и ярость его взрыва будет чудовищна, безмерна! Сильный, но глупый Дьявол!

С той же небрежностью, почти презрением Магнус бросил своего Дьявола обратно в ящик стола, откуда его достал, и сурово уставил на меня свои темные глаза. Я слегка развел бровями:

– Вижу, что вы знаете ваш предмет в совершенстве, и этот капризный дьявол мне очень нравится. Но я хотел бы слышать от вас о человеке.

Магнус засмеялся:

– А разве не о нем я говорил? Разве история этого куска мыла не есть история вашего человека, которого можно бить, жечь, рубить, бросать под ноги лошадей, отдавать собакам, разрывать на части, не вызывая в нем ни ярости, ни разрушающего гнева? Но кольните его чем-то – и его взрыв будет ужасен... как вам это известно, мой милый Вандергуд!

Он снова засмеялся и с наслаждением потер свои большие белые руки: едва ли он помнил в эту минуту, что на них уже есть человеческая кровь. Да и надо ли это помнить человеку? Помолчав, сколько требовало уважение к предмету, я спросил:

– А вам известно средство, как взрывать человека?

– Известно.

– А вы не нашли бы возможным сообщить его мне?

– К сожалению, это не так легко и не так удобопонятно, как ток высокого напряжения... пришлось бы слишком много говорить, дорогой Вандергуд.

– А коротко?

– А коротко... Надо обещать человеку чуда.

– И это все?

– И это все.

– Опять обман? Старая обезьяна?

– Опять обман. Но не старая обезьяна, не крестовые походы, не бессмертие на небе. Теперь время иных чаяний и иных чудес. Он обещал воскресение всем мертвым, я обещал воскресение всем живым. За Ним шли мертвые, за мною… за нами пойдут живые.

– Но мертвые не воскресли. А живые?

– Кто знает? Надо сделать опыт. Я еще не могу посвятить вас в деловую сторону, но предупреждаю: опыт должен быть в очень широких размерах. Вас это не страшит, м-р Вандергуд?

Я неопределенно пожал плечами. Что мог я ответить? Этот господин, носящий на плечах бомбу вместо головы, снова расколол меня на две половины, из которых человек – увы! – был меньшей половиной. Как Вандергуд я испытывал – сознаюсь без стыда – жестокий страх и даже боль: как будто сила и ярость чудовищного взрыва уже коснулась моих костей и ломает их… ах, где же мое безоблачное счастье с Марией, где великое спокойствие, где эта чертова белая шхуна? Но как великое и бессмертное любопытство, как гений игры и вечного движения, как жадный взор никогда не закрывающихся глаз я почувствовал – сознаюсь также без стыда – сильнейшую радость, почти восторг! И, ежась от сладкого холода, я невольно пробормотал:

– Как жаль, что я не знал этого раньше.

– Почему жаль?

– Так, пустое. Не забывайте, что я пришлец с другой планеты и только знакомлюсь с человеком. Так как же мы поступим с этой планетой, Магнус?

Он снова рассмеялся:

– Вы большой чудак, Вандергуд! С этой планетой? Мы устроим на ней небольшой праздник. Но довольно шуток, я их не люблю. – Он сердито нахмурился и строго, как старый профессор, посмотрел на меня… Манеры этого господина не отличались легковесностью. Когда ему показалось, что я стал достаточно серьезен, он благосклонно кивнул головой и спросил: – Вы знаете, Вандергуд, что вся Европа сейчас в очень тревожном состоянии?

– Война?

– Возможно, что и война, ее все тайно ожидают. Но война, как преддверие в царство чуда. Понимаете: мы слишком долго живем простой таблицей умножения, мы устали от таблицы умножения, нас охватывают тоска и скука от этого слишком прямого пути, грязь которого теряется в бесконечности. Сейчас мы уже все хотим чуда, а скоро наступит день, когда мы потребуем чуда немедленно! Не я один хочу опыта в больших размерах – его готовит сам мир… ах, Вандергуд, поистине не стоило бы жить, если бы не эти крайне любопытные моменты! Крайне любопытные! – Он жадно потер руки.

– Вы довольны?

– Как химик, я в восторге. Мои снаряды уже начинены, сами того не зная, – но они узнают это, когда я приложу мой фитиль к затравке. Вы представляете себе это зрелище, когда начнет взрываться мой динамит с его сознанием, волей и глазами, находящими цель?

– А кровь? Быть может, мое напоминание неуместно, но когда-то вы с большим волнением говорили о крови.

Магнус остановил на мне долгий взгляд: что-то вроде страдания выразилось в его глазах. Но это не было страдание совести или жалости – это была боль взрослого и умного человека, мысли которого перебиты глупым вопросом ребенка:

– Кровь? – сказал он. – Какая кровь?

Я повторил ему тогдашние его слова и рассказал мой странный и неприятный сон о бутылках, наполненных кровью вместо вина и так легко бьющихся. Утомленно, с закрытыми глазами, он выслушал мой рассказ и продолжительно вздохнул.

– Кровь! – пробормотал он. – Кровь! Это глупости. Тогда я много наболтал вам пустяков, Вандергуд, и их не следует вспоминать. Впрочем, если это страшит вас, то еще не поздно.

Я решительно возразил:

– Меня ничто не страшит. Как уже сказано, я всюду иду за вами. Это протестует моя кровь – понимаете? – а не сознание и воля. Вероятно, я буду первым, кого вы обманете: я также хочу чуда. Разве не чудо – ваша Мария? За эти дни и ночи я повторил всю таблицу умножения, и она мне ненавистна, как тюремная решетка. С точки зрения вашей химии я вполне начинен и прошу вас только об одном: поскорее взорвите меня!

Магнус сурово согласился:

– Хорошо. Через две недели. Вы довольны?

– Благодарю вас. Могу я надеяться, что тогда и синьорина Мария станет моей женою?

Магнус усмехнулся:

– Мадонна?

– О! Я не понимаю вашей улыбки… и она не вполне совместна с моим уважением к вашей дочери, синьор Магнус.

– Не волнуйтесь, Вандергуд. Моя улыбка относилась не к Марии, а к вашей вере в чудеса. Вы славный малый, Вандергуд, я начинаю любить вас, как сына. Через две недели вы получите все, и тогда мы заключим новый и крепкий союз. Вашу руку, товарищ!

Впервые он так дружески и крепко жал мою руку. Если бы на его плечах была не бомба, а простая человеческая голова, я, пожалуй, поцеловал бы его… но прикладываться к бомбе! При всем уважении!

Это первая ночь, когда я спал как убитый и каменные стены дворца не давили на меня. Стены уничтожила взрывчатая сила слов Магнуса, а крыша растаяла под высоким звездным покровом Марии: в ее царство безмятежности, любви и покоя унеслась моя душа. Гора Тиволи и ее огоньки – вот что я видел, засыпая.

8 апреля, Рим

Прежде чем постучаться ко мне, его величество экс-король Э. обил немало порогов в Европе. Верный примеру своих апостолических предков, веривших в золото Израиля, он с особой охотой прибегал к еврейским банкирам: кажется, и я был обязан честью посещения его непоколебимой уверенности, что я также иудей. Хотя его величество пребывал в Риме инкогнито, я, предупрежденный о визите, встретил его на нижней ступени лестницы и поклонился очень низко, – кажется, так полагается по этикету. Затем, по тому же этикету, мы представили друг другу: он – своего адъютанта, я – Фому Магнуса.

Сознаюсь, я не был высокого мнения о бывшем короле, и тем более поразил он меня своим высоким мнением о себе. Он вежливо, но с таким великолепным пренебрежением подал мне руку, он с такой спокойной уверенностью смотрел на меня как на существо низшего порядка, он так естественно шагал впереди меня, садился без приглашения, по-королевски откровенно рассматривал стены и мебель, что вся моя неловкость от незнания этикета мгновенно исчезла: надо только следовать за этим малым, который так прекрасно все знает. По виду это был еще совсем молодой человек с несвежим цветом лица и великолепной прической, в меру истасканный, достаточно сохранившийся, с глазами бесцветными и спокойными и надменно выдвинутой нижней губой. Прекрасны были его руки. Он нисколько не скрывал, что мое американское лицо, казавшееся ему еврейским, и необходимость просить у меня денег наводили на него непроходимую скуку: он слегка зевнул, усевшись в кресло, и сказал:

– Садитесь же, господа.

И легким жестом предложил своему адъютанту изложить причину посещения.

На Магнуса он не обращал никакого внимания и, пока толстый, красневший, любезный адъютант вкрадчиво повествовал о «недоразумении», удалившем его величество из отечества, – спокойно и скучно рассматривал свои ногти. Наконец перебил плавную речь своего поверенного нетерпеливым замечанием:

– Говорите короче, маркиз. Мистер… Вандергуд не хуже нас с вами знает эту историю. Одним словом, эти дураки выгнали меня. Как вы смотрите на это, милейший Вандергуд?

Как я смотрю на это? Я низко поклонился:

– Я рад служить вашему величеству.

– Ну да, это все говорят. Но дадите ли вы мне денег? Продолжайте, маркиз.

Маркиз, нежно улыбнувшись мне и Магнусу (несмотря на толщину, у него был очень голодный вид), продолжал плести свое тончайшее кружево о «недоразумении», пока заскучавший король снова не прервал его:

– Понимаете: эти глупцы думают, что все их несчастья от меня. Не правда ли, как это глупо, м-р Вандергуд? А теперь им стало еще хуже, и они пишут: возвращайтесь, Бога ради, мы погибаем! Прочтите письма, маркиз.

Вначале король говорил с некоторым оживлением, но, видимо, всякое усилие быстро утомляло его. Маркиз послушно достал из портфеля пачку бумаг и довольно долго мучил нас жалобами осиротевших подданных, умолявших своего господина вернуться. Я смотрел на короля: он скучал не меньше нас. Ему так ясно было, что народ не может существовать без него, что всякие подтверждения казались излишними… а мне было так странно: откуда у этого ничтожного человека так много этой счастливой уверенности? Не было сомнения, что этот цыпленок, не умеющий сам найти и зерна, искренне верит в особые свойства своей личности, способной дать целому народу чаемые блага. Глупость? Воспитание? Привычка? А в эту минуту маркиз читал: стенание какого-то корреспондента, где сквозь официальную бездарность и ложь, пышных выражений сквозила та же уверенность и искренний призыв. Также глупость и привычка?

– И так далее, и так далее, – равнодушно прервал чтение король, – Достаточно, маркиз, закройте ваш портфель. Так как же вы смотрите на это, любезный Вандергуд?

– Осмелюсь сказать вашему величеству, что я представитель старой демократической республики и…

– Оставьте, Вандергуд! Республика, демократия! Это глупости. Вы сами хорошо знаете, что король всегда необходим. У вас, в Америке, также будет король. Как можно без короля: кто же ответит за них Богу? Нет, это глупости.

Этот цыпленок собирался отвечать Богу за людей! А он продолжал все так же спокойно и невозмутимо:

– Король все может. А что может президент! Ничего. Вы понимаете, Вандергуд: ни-че-го! Зачем же вам президент, который ничего не может? – Он соблаговолил сделать нижней губой насмешливую улыбку. – Это все глупости, это газеты выдумали. Разве вы сами станете слушаться вашего президента, м-р Вандергуд?

– Но народное представительство...

– Фи! Извините, м-р... Вандергуд (он с трудом вспомнил мое имя), но какой же глупец станет слушаться какого-то народного представительства? Гражданин А. будет слушаться гражданина Б., а гражданин Б. будет слушаться гражданина А., не так ли? А кто же их заставит слушаться, если они оба умные? Нет, я также изучал логику, м-р Вандергуд, и вы мне позволите немного посмеяться!

Он немного посмеялся и сделал привычный жест рукою:

– Продолжайте, маркиз... Нет, впрочем, я буду сам. Король может все, вы понимаете, Вандергуд?

– Но закон...

– Ах, и этот чудак о законе – вы слышите, маркиз? Нет, я решительно не понимаю, зачем им всем так понадобился этот закон! Чтобы всем было одинаково плохо?.. Извините, но вы очень эксцентричны, м-р Вандергуд. Впрочем, если вы уж так хотите, пусть будет закон, но кто же вам его даст, если не я?

– Но народное представительство...

Король почти с отчаянием поднял на меня свои бесцветные глаза:

– Ах, опять этот гражданин А. и Б.! Но поймите же, любезный Вандергуд: какой же это закон, если они сами его делают? Какой же умный человек станет его слушаться?

Нет, это глупости. Неужели вы сами слушаетесь вашего закона, Вандергуд?

– Не только я, ваше величество, но вся Америка...

Он с сожалением измерял меня глазами:

– Извините, но я этому не верю. Вся Америка! Ну, значит, они просто не понимают, что такое закон, – вы слышите, маркиз, вся Америка! Но дело не в этом. Мне надо вернуться, Вандергуд, вы слышали, что они пишут, бедняги?

– Я счастлив видеть, что дорога вам открыта, государь.

– Открыта? Вы думаете? Гхм! Нет, мне надо денег. Одни пишут, а другие не пишут, вы понимаете?

– Может быть, они просто не умеют писать, государь?

– Они-то?! Ого!! Вы посмотрели бы, что они писали против меня, я был даже расстроен. Их просто надо расстрелять.

– Всех?

– Почему всех? Некоторых довольно. Другие просто испугаются. Понимаете, Вандергуд, они просто украли у меня власть и теперь, конечно, не захотят отдать. Не могу же я сам следить, чтобы меня не обкрадывали? А эти господа, – он кивнул на покрасневшего маркиза, – не сумели, к сожалению, оберечь меня.

Маркиз смущенно пробормотал:

– Государь!..

– Ну, ну, я знаю твою преданность, но ты же прозевал, это правда? А теперь столько хлопот, сколько хлопот! – Он слегка вздохнул. – Вам не говорил кардинал X., что мне надо дать денег, м-р Вандергуд? Он обещал сказать. Конечно, я потом все возвращу и... но об этом вам следует поговорить с маркизом. Я слыхал, что вы очень любите людей, м-р Вандергуд?

По мрачному лицу Магнуса пробежала легкая усмешка. Я молча поклонился.

– Мне говорил кардинал. Это очень похвально, м-р Вандергуд. Но если вы любите людей, то непременно дадите мне денег, я не сомневаюсь. Им необходим король, газеты говорят глупости. Почему в Германии король, в Англии король, в Италии король и еще сто королей, а у нас не нужен король?

Адъютант пробормотал:

– Недоразумение...

– Конечно, недоразумение, маркиз прав. Газеты называют это революцией, но лучше поверьте мне, я знаю мой народ: это простое недоразумение. Теперь они сами плачут. Как можно без короля? Тогда совсем не было бы королей, вы понимаете, какие глупости! Они ведь говорят, что можно и без Бога. Нет, надо пострелять, пострелять!

Он быстро встал и в этот раз с благосклонной улыбкой пожал мою руку и кивнул головой Магнусу.

– До свидания, до свидания, любезный Вандергуд. У вас прекрасная фигура... о, какой молодец! На этих днях маркиз заедет к вам. Что я еще хотел сказать? Ах да: желаю вам, чтобы и у вас в Америке был поскорее король... Это необходимо, мой друг, этим все равно кончится! О ревуар!

С тем же торжеством мы проводили его величество до выходной двери.

Маркиз следовал сзади, и в его наклоненной голове, точно разрубленной до шеи пробором среди реденьких волос, в ее покрасневшей коже выражались голод и чувство постоянной неудачи… ах, он уже столько раз и так бесплодно говорил о «недоразумении»! Что-то вспомнилось и королю о бесплодно обитых порогах: его бескровное лицо снова залилось серой скукой, и на мой последний поклон он удивленно вскинул глаза, откровенно выражавшие: что еще надо этому дураку? Ах да, у него деньги. И лениво попросил:

– Так не забудьте же, м-р… любезнейший!

А автомобиль был великолепен, и так же великолепен был рослый гайдук, похожий на переодетого жандарма. Когда мы поднялись по лестнице (среди наших почтительных лакеев, смотревших на меня как на коронованную особу) и вошли к себе, Магнус погрузился в долгое и ироническое молчание. Я спросил:

– Сколько лет этому цыпленку?

– А вы этого не знали, Вандергуд? Плохо. Ему тридцать два года. Кажется моложе.

– Кардинал действительно говорил о нем и просил дать денег?

– Да. То, что останется после самого кардинала.

– Почему они так цепляются за монархию?

– Вероятно, потому, что монархический образ правления и на небе. Вы можете представить себе республику святых и управление миром на основе выборного права? Подумайте, что тогда и черти получат право голоса. Король необходим, Вандергуд, поверьте.

– Вздор! Этот не стоит даже шутки.

– Я не шучу. Вы ошибаетесь. И, простите за прямоту, мой друг: в своих суждениях о короле он в этот раз был выше вас. Вы видели только цыпленка, образ, узкоматериальный и только смешной, – он самосозерцал себя, как символ. Оттого он так спокоен, и, нет сомнения, – он вернется к своему излюбленному народу.

– И постреляет?

– И постреляет и напугает. Ах, Вандергуд, как вы упорно не хотите расстаться с таблицей умножения! Ведь ваша республика есть простая таблица, а король, – вы чувствуете, – а король чудо! Что проще, глупее и безнадежнее, как миллион бородатых людей, управляющих собою, – и как удивительно, как чудесно, когда этим миллионом бородачей управляет цыпленок! Это чудо! И какие возможности открываются при этом! Мне было смешно, когда вы, даже с чувством, упомянули закон, эту мечту дьявола. Король необходим как раз для того, чтобы нарушать закон, чтобы была воля, стоящая выше закона!

– Но законы меняются, Магнус.

– Менять значит подчиняться только необходимости и новому закону, которого раньше вы не знали. Только нарушая закон, вы ставите волю выше. Докажите, что Бог сам подчинен своим законам, то есть, попросту говоря, не может свершить чуда, – и завтра ваша бритая обезьяна останется в одиночестве, а церкви пойдут под манежи. Чудо, Вандергуд, чудо – вот что еще держит людей на этой проклятой земле!

При этих словах Магнус с силой ударил по столу сжатым кулаком. Лицо его было мрачно, в темных глазах горело необычное возбуждение. Точно угрожая кому-то, он продолжал:

– Вот он верит в чудо, и я завидую ему. Он ничтожен, он действительно только цыпленок, но он верит в чудо – и он уже был королем и будет королем! А мы!..

Он презрительно махнул рукой и заходил по ковру, как рассерженный капитан по палубе своего корабля. Я с почтением глядел на его тяжелую взрывчатую голову и сверкающие глаза: только впервые мне ясно представилось, сколько сатанинского честолюбия таил в себе этот странный господин. «А мы!» Мой взгляд был замечен Магнусом и вызвал гневный окрик:

– Что вы так смотрите на меня, Вандергуд? Глупо! Вы думаете о моем честолюбии? Глупо, Вандергуд! Разве вам, господин из Иллинойса, также не хотелось бы стать… ну хотя бы императором России, где воля пока еще выше закона?

– А на какой престол метите вы, Магнус? – отозвался я, уже не скрывая иронии.

– Если вам угодно так лестно думать обо мне, мистер Вандергуд, то я мечу выше. Глупости, товарищ! Лишь бескровные моралисты никогда не мечтали о короне, как одни евнухи никогда не соблазнялись мыслью о насилии над женщиной. Вздор! Но я не хочу престола, даже русского: он слишком тесен.

– Но есть еще один престол, сеньор Магнус: Господа Бога.

– Почему же только Господа Бога? А про Сатану вы изволили забыть, м-р Вандергуд?

И это было сказано Мне… или уже вся улица знает, что престол мой вакантен?! Я почтительно склонил голову и сказал:

– Позвольте мне первому приветствовать вас…– ваше величество.

Магнус свирепо взглянул на меня и оскалился, как собака над спорной костью. И эта сердитая крошка хочет быть Сатаною! И эта щепотка земли, которой едва хватит Дьяволу на одну понюшку, мечтает венчаться моей короной! Я еще ниже опустил голову к потупил глаза: я чувствовал, как разгорается в них лучистое пламя презрения и божественного смеха, и этого смеха не должен был знать мой почтенный преемник. Не знаю, сколько времени мы молчали, но когда наши взоры снова встретились, они были ясны, чисты и невинны, как два луженых таза в тени. Но первый заговорил Магнус.

– Итак? – сказал он.

– Итак, – ответил я.

– Прикажете дать денег королю?

– Деньги в вашем распоряжении, дорогой друг.

Магнус задумчиво посмотрел на меня.

– Не стоит, – решил он. – Это слишком старое чудо, надо слишком много полиции, чтобы в него поверили. Мы сотворим чудо получше.

– О, без сомнения! Мы сотворим гораздо лучше. Через две недели?

– О да, приблизительно! – любезно ответил Магнус.

Расставаясь, мы обменялись горячим рукопожатием, а часа через два милостивейший король прислал нам по ордену: мне – какую-то звезду, Магнусу – что-то вообще. Мне стало немного жаль бедного идиота, продолжавшего игру в одиночку.

16 апреля, Рим

Мария слегка нездорова, и я почти не вижу ее. Про ее нездоровье мне доложил Магнус – и солгал: он почему-то не хочет, чтобы я виделся с нею. Чего он боится? И опять у него, в мое отсутствие, был кардинал X. О «чуде» мне ничего не говорят.

Но я терпелив – и жду. Вначале это показалось мне несколько скучным, но на днях я нашел новое развлечение, и теперь я даже доволен. Это – римские музеи, в которых я провожу каждое утро как добросовестный американец, недавно научившийся отличать живопись от скульптуры. Но со мной нет Бедекера, и я странно счастлив, что решительно ничего не понимаю в этом деле: мраморе и картинах. Мне просто нравится все это.

Мне нравится, что в музеях так хорошо пахнет морем. Почему морем? – я не знаю: море далеко, и я скорее ждал запаха гнили. И там так просторно – просторнее, нежели в Кампанье. В Кампанье я вижу только пространство, по которому бегают поезда и автомобили, здесь я плаваю во времени. Здесь так много зато времени! И еще мне нравится, что здесь так почтительно сохраняют обломок мраморной ноги, какую-то каменную подошву с кусочком пятки. Как осел из Иллинойса, я совершенно не понимаю, что в ней хорошего, но уже верю, что это хорошо, и меня трогает твоя осторожная бережливость, человече. Береги! Ломай живые ноги, это ничего, но эти ты должен сохранять. Очень хорошо, когда две тысячи лет живые, умирающие, постоянно меняющиеся люди берегут холодный осколочек мраморной ноги.

Когда с римской улицы, где каждый камешек залит светом апрельского солнца, я вхожу в тенистый музей, его прозрачная и ровная тень мне кажется особенным светом, более прочным, нежели слишком экспансивные солнечные лучи. Насколько помню, именно так должна светиться вечность. И эти мраморы! Они столько поглотили солнца, как англичанин виски, прежде чем их загнали сюда, что теперь им не страшна никакая ночь… и мне возле них не страшно проклятой ночи. Береги их, человече!

Если это называется искусство, то какой же ты, Вандергуд, осел! Конечно, ты культурен, ты почтительно смотрел на искусство, но как на чужую религию и понимал в ней не больше, чем тот осел, на котором мессия вступал в Иерусалим. А вдруг пожар? Вчера эта мысль весь день тревожила меня, и я пошел с нею к Магнусу. Но он слишком занят чем-то другим и долго не понимал меня.

– В чем дело, Вандергуд? Вы хотите застраховать Ватикан – или что? Скажите яснее.

– О! Застраховать! – воскликнул я с негодованием. – Вы варвар, Фома Магнус!

Наконец он понял. Улыбнувшись весьма добродушно, он потянулся, зевнул и положил перед моим носом какую-то бумажку.

– А вы действительно господин с Марса, милый Вандергуд. Не возражайте и лучше подпишите эту бумажку. Последняя.

– Подпишу, но с одним условием. Ваш взрыв не коснется Ватикана?

Он снова усмехнулся:

– А вам жаль? Тогда лучше не подписывайте. Вообще, если вам чего-нибудь жаль – чего бы то ни было, Вандергуд, – он нахмурился и сурово посмотрел на меня, – то лучше расстанемся, пока не поздно. В моей игре нет места для жалости, и моя пьеса не для сентиментальных американских мисс.

– Если вам угодно…– Я подписал бумагу и отбросил ее. – Но, кажется, вы не на шутку вступили в обязанности Сатаны, дорогой Магнус!

– А разве у Сатаны есть обязанности? Жалкий Сатана. Тогда я не хочу быть Сатаною.

– Ни жалости, ни обязанностей?

– Ни жалости, ни обязанностей.

– А что же тогда?

Он быстро взглянул на меня блестящими глазами и ответил одним коротким словом, рассекшим воздух перед моим лицом:

– Воля.

– И… и ток высокого напряжения?

Магнус снисходительно улыбнулся:

– Я очень рад, что вы так хорошо запомнили мои слова, Вандергуд. Это может вам пригодиться в свое время.

Проклятая собака! Мне так захотелось ударить его, что я – поклонился особенно вежливо и низко. Но он удержал меня, радушным жестом указывая на кресло:

– Куда же вы, Вандергуд? Посидите. Последнее время мы так мало видимся. Как ваше здоровье?

– Благодарю вас, чудесно. А как здоровье синьорины Марии?

– Все еще неважно. Но это пустяки. Еще несколько дней ожидания, и вы… Так вам понравились музеи, Вандергуд? Когда-то и я отдал им много времени и чувства. Да, помню, помню… Вы не находите, Вандергуд, что человек в массе своей существо отвратительное?

Я удивленно поднял глаза:

– Я не вполне понимаю этот переход, Магнус. Наоборот, музеи открыли мне человека с новой и довольно приятной стороны…

Он засмеялся:

– Любовь к людям?.. Ну, ну, не сердитесь на шутку, Вандергуд. Видите ли: все, что делает человек, прекрасно в наброске – и отвратительно в картине. Возьмите эскиз христианства с его Нагорной проповедью, лилиями и колосьями, как он чудесен! И как безобразна его картина с пономарями, кострами и кардиналом X.! Начинает гений, а продолжает и кончает идиот и животное. Чистая и свежая волна морского прибоя ударяет в грязный берег – и, грязная, возвращается назад, неся пробки и скорлупу. Начало любви, начало жизни, начало Римской империи и великой революции – как хороши все начала! А конец их? И если отдельному человеку удавалось умереть так же хорошо, как он родился, то массы, массы, Вандергуд, всякую литургию кончают бесстыдством!

– О! А причины, Магнус?

– Причины? По-видимому, здесь сказывается самое существо человека, животного, в массе своей злого и ограниченного, склонного к безумию, легко заражаемого всеми болезнями и самую широкую дорогу кончающего неизбежным тупиком. И оттого так высоко над жизнью человека стоит его искусство!..

– Я не понимаю.

– Что же здесь непонятного? В искусстве гений начинает и гений кончает. Вы понимаете: гений! Болван, подражатель или критик бессилен что-нибудь изменить или испортить в картинах Веласкеса, скульптуре Анджело или стихах Гомера. Он может их уничтожить, разбить, сжечь, сломать, но принизить их до себя не в силах – и оттого он так ненавидит истинное искусство. Вы понимаете, Вандергуд? Его лапа бессильна!

Магнус помотал в воздухе белой рукой и рассмеялся.

– Но почему же он так тщательно охраняет и бережет?..

– Это не он охраняет и бережет. Это делает особая порода верующих сторожей. – Магнус снова рассмеялся. – А вы заметили, как им неловко в музее?

– Кому им?

– Ах, ну этим, которые приходят смотреть! Но самое смешное в этой истории не то, что дурак – дурак, а то, что гений неуклонно обожает дурака под именем ближнего и страстно ищет его убийственной любви. Самым диким образом гений не понимает, что его настоящий ближний – такой же гений, как и он, и вечно раскрывает свои объятия человекоподобному… который туда и лезет охотно, чтобы вытащить часы из жилетного кармана! Да, милый Вандергуд, это очень смешная история, и я боюсь…

Он умолк и задумался, тяжело глядя в пол: так, вероятно, смотрят люди в глубину собственной могилы. И я понял, чего боялся этот гений, и еще раз преклонился перед этим сатанинским умом, знавшим в мире только себя и свою волю. Вот Бог, который даже с Олимпом не пожелает разделить своей власти! И сколько презрения к человечеству! И какое открытое пренебрежение ко мне! Вот проклятая щепотка земли, от которой способен расчихаться даже дьявол!

И ты знаешь, чем кончил я этот вечер? Я взял за шиворот моего благочестивого Топпи и пригрозил его застрелить, если он не напьется вместе со мною, – и мы напились! Началось это в каком-то грязненьком «Гамбринусе» и продолжалось в ночных темных тавернах, где я щедро поил каких-то черноглазых бандитов, мандолинистов и певцов, певших мне про Марию: я пил, как ковбой, попавший в город после годичной трезвой работы. Долой музеи! Помню, я много кричал и размахивал руками, но еще никогда я не любил мою чистую Марию так нежно, так сладко и больно, как в этом угарном чаду, пропитанном запахами вина, апельсинов и какого-то горящего сала, в этом диком кругу чернобородых, вороватых лиц и жадно сверкающих глаз, среди мелодичного треньканья мандолин, открывшего мне самую преисподнюю рая и ада!

Смутно помню каких-то ласковых, но торжественных убийц, которых я целовал и прощал во имя Марии. Помню, что я предлагал всем идти пьянствовать в Колизей, на то самое место, где когда-то умирали мученики, но не знаю, почему это не вышло, – кажется, по техническим затруднениям. Но как хорош был Топпи! Вначале он напивался долго и молча, как архиепископ. Потом вдруг стал показывать интересные фокусы. Поставил себе на нос огромную фляжку кианти и весь облился красным вином. Пробовал передергивать карты, но был немедленно уличен ласковыми убийцами, с блеском исполнившими тот же фокус. Ходил на четвереньках, пел в нос какие-то духовные стихи, плакал и вдруг откровенно заявил, что он – Черт.

Домой мы шли пешком, шатаясь по всей улице, стукаясь о стены и фонари и блаженствуя, как два студента. Топпи пробовал задирать полисменов, но, тронутый их вежливостью, кончал суровым благословением, мрачно говоря:

– Иди и больше не греши!

Потом со слезами сознался, что он влюблен в одну синьору, пользуется взаимностью и потому должен отказаться от духовного звания. Сказав это, лег на чей-то каменный порог и упрямо заснул, там его я и оставил.

Мария, Мария, как испытуешь ты меня! Я еще ни разу не касался твоих уст, вчера я целовал только красное вино… но откуда же на моих губах эти жгучие следы? Только вчера я коленопреклоненно венчал тебя цветами, Мадонна, только вчера я с робостью касался края твоих одежд, а сегодня ты только женщина и я хочу тебя! Мои руки дрожат; с тяжелым бешенством я думаю о препятствиях, о комнатах, шагах и порогах, разделяющих нас, – я хочу тебя! В зеркало я не узнал мои глаза: на них лежит какая-то странная пленка, и дышу я тяжело и неровно, и весь день моя мысль похотливо блуждает около твоей обнаженной груди. Я все забыл.

В чьей я власти? Она гнет меня, как мягкое раскаленное железо, я оглушен, я слеп от собственного жара и искр. Что ты делаешь, человече, когда это случается с тобою? Идешь и берешь женщину? Насилуешь ее? Подумай: сейчас ночь, и Мария так близко, я могу совсем, совсем неслышно дойди до ее комнаты… И я хочу ее крика! А если Магнус закроет мне путь? Я убью Магнуса.

Вздор.

Нет, скажи, в чьей я власти? Ты это должен знать, человек. Сегодня перед вечером, убегая от себя и Марии, я бродил по улицам, но там еще хуже: везде я видел мужчин и женщин, мужчин и женщин. Как будто прежде я их не видал! Мне все они казались голыми. Я долго стоял на Монте-Пинчио и старался понять, что такое закат солнца, и не мог понять: предо мною двигались бесконечно мужчины и женщины и смотрели друг другу в глаза. Что такое женщина, объясни мне! Одна, очень красивая, сидела в автомобиле, ее бледное лицо розовело от заката, а в ушах горели две искры брильянтов. Она смотрела на закат, и закат смотрел на нее, и больше ничего, но я не мог вынести этого: мое сердце охватила такая тоска и любовь, такая любовь и тоска, как будто я умираю. Там, сзади нее, были еще деревья, зеленые, почти черные.

Мария! Мария!

19 апреля, о. Капри

На море полный штиль. С высокого обрыва я долго смотрел на маленькую шхуну, застывшую в голубом просторе. Ее белые паруса были неподвижны, и она казалась счастливою, как я в тот день. И снова великое спокойствие снизошло на меня, и святое имя Марии звучало безмятежно и чисто, как воскресный колокол на дальнем берегу.

Потом я лег на траву, лицом к небу. Спину мне нагревала добрая земля, а перед закрытыми глазами было так много горячего света, точно я погрузился лицом в самое солнце. В трех шагах от меня была пропасть, стремительный обрыв, головокружительная отвесная стена, и оттого мое ложе из травы казалось воздушным и легким, и было приятно обонять запах травы и весенних каприйских цветов. Еще пахло Топпи, который лежал возле меня: когда он нагревается солнцем, от него начинает сильно пахнуть мехом. Он крепко загорел, точно намазался углем, и вообще это очень приятный старый Черт.

Это место, где мы лежали, называется Анакапри и составляет возвышенную часть островка. Солнце уже зашло, когда мы отправились вниз, и светила неполная луна, но было все так же тепло и тихо и где-то звучали влюбленные мандолины, взывая к Марии. Везде Мария! Но великим спокойствием дышала моя любовь, была обвеяна чистотою лунного света, как белые домики внизу. В таком же домике жила когда-то Мария, и в такой же домик я увезу ее скоро, через четыре дня.

Высокая стена, вдоль которой спускается дорога, закрыла от нас луну, и тут мы увидели статую Мадонны, стоявшую в нише довольно высоко над дорогой и кустарником. Перед царицей ровно светился слабый огонек лампады, и в своем сторожном безмолвии она казалась такою живою, что немного холодело сердце от сладкого страха. Топпи преклонил голову и пробормотал какую-то молитву, а я снял шляпу и подумал: «Как ты стоишь высоко над этою чашей, полной лунной мглы и неведомых очарований, так Мария стоит над моей душою…»

Довольно! Здесь опять начинается необыкновенное, и я умолкаю. Сейчас буду пить шампанское, а потом пойду в кафе, там сегодня играют какие-то «знаменитые» мандолинисты из Неаполя. Топпи соглашается лучше быть застреленным, чем идти со мною: его до сих пор мучает совесть. Но это хорошо, что я буду один.

23 апреля, Рим, палаццо Орсини

...Ночь. Мой дворец безмолвен и мертв, как будто и он лишь одна из руин старого Рима. За большим окном сад: он призрачен и бел от лунного света, и дымчатый столб фонтана похож на безголовый призрак в серебряной кольчуге. Его плеск едва слышен сквозь толстые рамы – словно сонное бормотанье ночного сторожа.

Да, все это очень красиво и... как это говорится? – дышит любовью. Конечно, хорошо бы рядом с Марией идти по голубому песку этой дорожки и ступать на свои тени. Но мне тревожно, и моя тревога шире, чем любовь. Стараясь шагать легко, я брожу по всей комнате, тихо припадаю к стенам, замираю в углах и все слушаю что-то. Что-то далекое, что за тысячи километров отсюда. Или оно только в моей памяти, то, что я хочу услыхать? И тысячи километров – это тысячи лет моей жизни?

Ты удивился бы, увидев, как я одет. Вдруг мне стал невыносимо тяжел мой прекрасный американский костюм, и на голое тело я одел трико для купанья. Тогда я сразу как будто похудел, стал очень высок и гибок и долго пробовал свою гибкость, скользя по комнате, неожиданно меняя направление, как бесшумная летучая мышь. Это не я тревожусь, это полны тревоги все мои мускулы и мышцы, и я не знаю, чего они хотят. Потом мне стало холодно, я оделся и сел писать. Кроме того, я выпил вина и закрыл драпри, чтобы не видеть белого сада. Кроме того, я еще осмотрел, привел в порядок и зарядил браунинг, который я завтра возьму с собою на дружескую беседу с Фомою Магнусом.

Видишь ли, у Фомы Магнуса есть сотрудники. Так он называет этих неизвестных мне господ, которые почтительно дают мне дорогу при встрече, но не кланяются, как будто мы встретились на улице, а не в моем доме. Их было два, когда я уезжал на Капри, теперь их шестеро, как сказал мне Топпи, и они здесь живут. Топпи они не нравятся, да и мне тоже. Лица у них нет, я его странным образом не видел, – это я понял только теперь, когда захотел их вспомнить.

– Это мои сотрудники, – сказал мне сегодня Магнус насмешливо, нисколько не скрывая насмешки.

– Скажите им, Магнус, что они дурно воспитаны. Они не кланяются при встрече.

– Наоборот, дорогой Вандергуд! Они слишком воспитанны. Они просто не решаются на поклон, не будучи вам представлены! Это очень… корректные люди. Впрочем, завтра вы все узнаете, не хмурьтесь и потерпите, Вандергуд. Одна ночь!

– Как здоровье синьорины Марии?

– Завтра она будет здорова. – Он положил руку мне на плечо и приблизил свои темные, злые и наглые глаза. – Любовный жар, а?

Я стряхнул с плеча его руку и крикнул:

– Синьор Магнус! Я…

– Вы…– он хмуро посмотрел на меня и спокойно повернул спину, – до завтра, мистер Вандергуд.

Вот почему я зарядил револьвер. Вечером мне передали письмо от Магнуса: он извиняется, объясняет все нервностью и уверяет, что искренно и горячо хочет моей дружбы и доверия. Соглашается, что его сотрудники действительно невоспитанные люди. Я долго всматривался в эти неразборчивые, торопливые строки, на подчеркнутое слово «доверия» – и мне захотелось взять с собою не револьвер для беседы с этим другом, а скорострельную пушку.

Одна ночь, но она так длинна!

Мне угрожает опасность. Это чувствую я, и это знают мои мускулы, оттого они в такой тревоге, теперь я понял это. Ты думаешь, что я просто струсил, человече? Клянусь вечным спасением – нет! Не знаю, куда девался мой страх, еще недавно я всего боялся: и темноты, и смерти, и самой маленькой боли, а сейчас мне ничего не страшно. Только странно немного… так говорят: мне странно?

Вот сижу я на твоей Земле, человече, и думаю о другом человеке, который мне опасен, и сам я – человек. А там луна и фонтан. А там – Мария, которую я люблю. А вот – вино и стакан. И это – твоя и моя жизнь… Или я только выдумал, что я когда-то был Сатаною? Вижу, что это лишь нарочно, и фонтан, и Мария, и самые мои мысли о каком-то Магнусе-человеке, но истинного моего не могу ни найти, ни понять. Тщетно допрашиваю память – она полна и она безмолвна, как закрытая книга, и нет силы раскрыть эту зачарованную книгу, таящую все тайны моего прошлого бытия. Напрягая зрение, тщетно вглядываюсь в дальнюю и светлую глубину, откуда сошел я на эту картонную Землю,– и ничего не вижу в томительных колыханиях безбрежного тумана. Там, за туманом, моя страна, но кажется, но кажется, я совсем забыл к ней дорогу.

Ко мне вернулась скверная привычка Вандергуда напиваться в одиночку, и я пьян немного. Это ничего, в последний раз. Это тоже нарочно. Сейчас я видел нечто, после чего не хочу смотреть ни на что другое. Мне захотелось взглянуть на белый сад и представить, как мог бы я идти с Марией по голубой песчаной дорожке, – я закрыл свет в комнате и раздернул широко драпри. И как видение, как сон, встал передо мною белый сад, и – подумай! – по голубой, по песчаной дорожке шли двое, мужчина и женщина, и женщина была – Мария. Они шли тихо, ступая на свои тени, и мужчина обнимал ее. Мой счетчик в груди застукал бешено, упал на пол и почти разбился, когда наконец я узнал мужчину, – о, это был Магнус, только Магнус, милый Фома, отец, будь он проклят с своими отеческими объятиями!

Ах, как я опять полюбил мою Марию! Я стал на колени перед окном и протянул к ней руки… правда, что-то в этом роде я уже видел в театре, но мне все равно: я протянул руки, ведь я один и пьян, отчего мне не делать так, как я хочу? Мадонна! Потом я сразу задернул занавес.

Тихо, как паутинку, как горсть лунного света, я понесу мое видение и вплету его в ночные сны. Тихо!.. Тихо!

IV

25 мая 1914 г. Италия

Если бы слугою моим было не жалкое слово, а сильный оркестр, я заставил бы выть и реветь все мои медные трубы. Я поднял бы к небу их блещущие пасти и выл бы долго, выл бы медным скрежещущим воем, от которого волосы встают на голове и пугливее бегут облака. Я не хочу лживых скрипок, мне ненавистен нежный рокот продажных струн под пальцами лжецов и мошенников – дыхание! дыхание! Моя глотка как медная труба, мое дыхание как ураган, рвущийся в узкие щели, и весь я звеню, лязгаю и скрежещу, как груда железа под ветром. О, это не всегда гневный и мощный рев медных труб – часто, очень часто это жалобный визг перегорелого и ржавого железа, скользящий и одинокий, как зима, свист согнутых прутьев, от которого холодеют мысли и сердце заволакивается ржавчиной тоски и без-домья. Все, что может гореть в огне, выгорело во мне. Это я хотел игры? Это я хотел игры? Так вот – смотри на этот чудовищный остов сгоревшего театра: в нем сгорели и все актеры… ах, все актеры сгорели в нем, и сама гнусная правда смотрит в нищенские дыры его пустых окон!!

Клянусь моим престолом! – о какой еще там любви бормотал я, вочеловечившийся? Кому еще там протягивал мои объятия? Не тебе ли… товарищ? Клянусь моим престолом! – если я был Любовью на одно мгновение, то отныне я – Ненависть и остаюсь ею вечно.

Сегодня остановимся на этом, дорогой товарищ. Я давно не писал, и мне снова надо привыкать к твоему тусклому и плоскому лику, разрисованному румянами пощечин, и я немного забыл те слова, что говорятся между порядочными и недавно битыми людьми. Пойди вон, мой друг. Сегодня и медная труба, и ты першишь у меня в горле, червячок. Оставь меня.

26 мая, Италия

Это было месяц назад, когда Фома Магнус взорвал меня. Да, это правда, он таки взорвал меня, и это было месяц тому назад, в священном городе Риме, в палаццо Орсини, когда-то принадлежавшем миллиардеру Генри Вандергуду, – ты помнишь этого милого американца с его сигарой и золотыми патентованными зубами? Увы. Его больше нет с нами, он внезапно скончался, и ты сделаешь хорошо, если закажешь о нем заупокойную мессу: его иллинойская душа нуждается в твоих молитвах.

Вернемся, однако, к его последним часам. Я постараюсь быть точным в моих воспоминаниях и передам не только чувства, но и все слова, сказанные в тот вечер, – это было вечером, луна уже светила. Очень возможно, что будут не совсем те слова, что говорились, но во всяком случае те, что я слышал и запомнил… если тебя когда-нибудь секли, уважаемый товарищ, то ты знаешь, как трудно самому запомнить и сосчитать все удары розги. Перемещение центров, понимаешь? О, ты все понимаешь. Итак, примем последнее дыхание Генри Вандергуда, взорванного злодеем Фомою Магнусом и погребенного… Марией.

Помню, после той тревожной ночи наутро я проснулся совсем спокойным и даже радостным. Вероятно, то было влияние солнца, светившего в то самое широкое окно, откуда ночью лился этот неприятный и слишком многозначительный лунный свет. Понимаешь, то луна, а то солнце? О, ты все понимаешь. Очень вероятно, что по той же причине я проникся самой трогательной верой в добродетель Магнуса и ждал к ночи – безоблачного счастья. Тем более что его сотрудники – ты помнишь его сотрудников? – кланялись мне. Что такое поклон? А как много он значит для веры в человека!

Ты знаешь мои хорошие манеры и поверишь, что внешне я был

сдержан и холоден, как джентльмен, получивший наследство, но если бы ты приложил ухо к моему животу, ты услышал бы, что внутри меня играют скрипки. Что-то любовное, понимаешь? О, ты все понимаешь. Так с этими скрипками я и вошел к Магнусу вечером, когда уже снова светила луна. Магнус был один. Мы долго молчали, и это показало, что меня ждет очень интересный разговор. Наконец я заговорил:

– Как здоровье синьорины…

Но он прервал меня:

– Нам предстоит очень трудный разговор, Вандергуд. Вас это не волнует?

– О нет, нисколько!

– Хотите вина? Впрочем, нет, не стоит. Я выпью немного, а вам не стоит. Правда, Вандергуд?

Он засмеялся, наливая вино, и тут я с удивлением заметил, что сам он очень волнуется: его большие белые руки палача заметно дрожали. Не знаю точно, когда замолкли мои скрипки, – кажется, в эту минуту. Магнус выпил два стакана вина – он хотел немного – и продолжал, садясь:

– Да, вам не стоит пить, Вандергуд. Мне нужно все ваше сознание, ничем не затемненное… вы ничего не пили сегодня? Виски и сода? Нет? Это хорошо. Надо, чтобы сознание было светло и трезво. Я часто думал, нельзя ли в таких случаях применять анестезирующие средства, как нри… при…

– Как при вивисекции?

Он серьезно мотнул головою:

– Да, как при вивисекции, вы чудесно схватили мою мысль, старина. Да, при душевной вивисекции. Например, когда любящей матери сообщают о смерти ее сына или… очень богатому человеку, что он разорился. Но сознание, как быть с сознанием… нельзя же его всю жизнь держать под наркозом! Вы понимаете, Вандергуд? В конце концов, я вовсе не такой жестокий человек, каким иногда кажусь даже самому себе, и чужая боль часто вызывает во мне очень неприятные ответные судороги. Это нехорошо. У оператора рука должна быть тверда.

Он посмотрел на свои пальцы: они уже не дрожали. Улыбнувшись, он продолжал:

– Впрочем, вино также помогает. Милый Вандергуд, клянусь вечным спасением, которым и вы так любите клясться, что мне очень неприятно причинять вам эту маленькую… боль. Пустое. Вандергуд! Сознание, больше сознания! Вашу руку, дружище!

Я протянул руку, и своей горячей, большой рукою Магнус словно обнял мою ладонь и пальцы и долго держал их в этой странной ванне, напряженной, словно проникнутой какими-то электротоками. Потом отпустил с легким вздохом.

– Вот так. Бодрее, Вандергуд!

Я пожал плечами. Закурил сигару. Спросил:

– Ваш пример относительно очень богатого человека, который внезапно стал нищим, не относится ко мне? Я разорен?

Магнус медленно, смотря мне прямо в глаза, ответил:

– Если хотите, то да. У вас нет ничего. Ровно ничего. И этот дворец уже продан, завтра в него вступят новые владельцы.

– О! Это интересно. А где же мои миллиарды?

– У меня. Они мои. Я очень богатый человек, Вандергуд!

Я переложил сигару в другую сторону рта и выразительно сказал:

– И готовы протянуть мне руку помощи? Вы наглый мошенник, Фома Магнус.

– Если хотите, то да. В этом роде.

– И лжец!

– Пожалуй. Вообще, милый Вандергуд, вам необходимо тотчас же переменить ваш взгляд на жизнь и людей. Вы слишком идеалист.

– А вам, – я поднялся с кресла, – а вам следует переменить собеседника. Позвольте мне откланяться и прислать сюда полицейского комиссара.

Магнус засмеялся:

– Вздор, Вандергуд! Все сделано по закону. Вы сами передали мне все. Это никого не удивит… при вашей любви к людям. Конечно, вы можете объявить себя сумасшедшим. Понимаете? Тогда я, пожалуй, сяду в тюрьму. Но вы сядете в сумасшедший дом. Едва ли вы этого захотите, дружище. Полиция! Впрочем, ничего, говорите, это облегчает в первые минуты.

Кажется, я действительно не сумел скрыть моего волнения. Я с гневом бросил сигару в огонь камина и измерил глазами окно и Магнуса… нет, эта туша была слишком велика для игры в мяч. В ту минуту самая потеря состояния не вполне ясно представлялась моему уму, и возмущало меня не это, а наглый тон Магнуса, его почти покровительственные манеры старого мошенника. И еще что-то, очень беспокойное и даже зловещее, как угроза, смутно чувствовалось мною: как будто настоящая опасность была у меня не перед глазами, а за спиной. Я не знал, куда направить глаза, и это лишало меня самообладани

– В чем дело наконец?! – топнул я ногою.

– В чем дело? – как эхо, отозвался Магнус. – Да, и я, в сущности, не совсем понимаю, что так возмущает вас, Вандергуд? Вы столько раз предлагали мне эти деньги, даже навязывали их мне, а теперь, когда они в моих руках, вы хотите звать полицию! Конечно, – Магнус улыбнулся, – здесь есть маленькая разница: великодушно предоставляя деньги в мое распоряжение, вы оставались их господином и господином положения, тогда как сейчас… понимаете, дружище: сейчас я могу просто вытолкать вас из этого дома!

Я выразительно посмотрел на Магнуса. Он ответил не менее выразительным пожатием широких плеч и сердито сказал:

– Оставьте эти глупости. Я сильнее вас. Не будьте дураком больше, чем обязывает к тому положение.

– Вы необыкновенно наглый мошенник, синьор Магнус!

– Опять! Как эти сентиментальные души ищут утешения в словах! Возьмите сигару, сядьте и слушайте. Уже давно мне нужны деньги, очень большие деньги. В моем прошлом, которое вам ни к чему знать, у меня были некоторые… неудачи, раздражавшие меня. Дураки и сентиментальные души, вы понимаете? Моя энергия была схвачена и заперта, как воробей в клетку. Три года неподвижно сидел я в этой проклятой щели, подстерегая случая…

– Это в прекрасной Кампанье?

– Да, в прекрасной Кампанье… и уже начал терять надежду, когда появились вы. Здесь я несколько затрудняюсь в выражениях…

– Говори прямо, не стесняйся.

– Можно на ты? Да, это удобнее. С твоей любовью к людям, с твоей игрою, как ты назвал это впоследствии, ты был очень странен, мой друг, и я довольно долго колебался, кто ты: необыкновенный ли дурак или такой же… мошенник, как и я. Видишь ли, такие необыкновенные ослы слишком редко встречаются, чтобы не вызывать сомнения даже во мне. Ты не сердишься?

– О, нисколько.

– Ты суешь мне деньги, а я думаю: ловушка! Впрочем, ты подвигался вперед очень быстро, и некоторые меры с моей стороны…

– Извини, что я прерываю тебя. Значит, эти книги твои… уединенные размышления над жизнью, белый домик и… все это ложь? А убийство, помнишь: руки в крови?

– Убивать мне приходилось, это правда, и над жизнью я размышлял немало, поджидая тебя, но остальное, конечно, ложь. Очень грубая, но ты был так мило доверчив…

– А… Мария?

Признаюсь, человече, что я едва выговорил это имя: так схватило меня что-то за горло. Магнус внимательно осмотрел меня и мрачно ответил:

– Дойдем и до Марии. Как ты волнуешься, однако, у тебя даже ногти посинели. Может быть, дать вина? Ну, не надо, терпи. Я продолжаю.

Когда у тебя началось с Марией… конечно, при моем маленьком содействии, я окончательно поверил, что ты…

– Необыкновенный осел?

Магнус быстро и успокоительно поднял руку:

– О нет! Таким ты казался только вначале. Скажу тебе правдиво, как и все, что я говорю сейчас; ты вовсе не глуп, Вандергуд, теперь я узнал тебя ближе. Это пустяки, что ты так наивно отдал мне все свои миллиарды,– мало ли умных людей обманывалось искусными… мошенниками! Твое несчастье в другом, товарищ.

Я имел силы усмехнуться:

– Любовь к людям?

– Нет, дружище: презрение к людям! Презрение и вытекающая из него наивная вера в тех же людей. Ты видишь всех людей настолько ниже себя, ты так убежден в их фатальном бессилии, что совершенно не боишься их и готов погладить по головке гремучую змею: так славно гремит! Людей надо бояться, товарищ! Ведь я знаю твою игру, но порою ты искренно болтал что-то о человеке, даже жалел его, но всегда откуда-то сверху или сбоку – не знаю. О, если бы ты мог ненавидеть людей, я с удовольствием взял бы тебя с собою. Но ты эгоист, ты ужасный эгоист, Вандергуд, и я даже перестаю жалеть, что ограбил тебя, когда подумаю об этом! Откуда у тебя это подлое презрение!

– Я еще только учусь быть человеком.

– Что ж, учись. Но зачем же ты зовешь мошенником твоего профессора? Это неблагодарно: ведь я же твой профессор, Вандергуд!

– К черту болтовню. Значит… значит, ты не берешь меня с собою?

– Нет, дружище, не беру.

– Так. Одни миллиарды? Хорошо. Но твой план: взорвать землю или что-то в этом роде? Или ты здесь лгал? Не может быть, чтобы ты хотел только… открыть ссудную кассу или стать тряпичным королем!

Магнус с грустью, даже как будто с сочувствием посмотрел на меня и медленно ответил:

– Нет, здесь я не лгал. Но ты не годишься идти со мною. Ты будешь постоянно хватать меня за руку. Ты сейчас только кричал: лжец, мошенник, вор… странно, ты еще только учишься быть человеком, а уже так пропитался этими пустяками. Когда я подниму руку, чтобы бить, твое презрение начнет хныкать: оставь их, не трогай, пожалей. О, если бы ты мог ненавидеть! Нет, ты ужасный эгоист, старина.

Я закричал:

– Да черт тебя возьми наконец с твоим эгоизмом! Я вовсе не глупее тебя, мрачная скотина, и я не понимаю, что ты открыл в ненависти святого!

Магнус нахмурился:

– Прежде всего не кричи, или я тебя выгоню. Слыхал? Да, пожалуй, ты не глупее меня, но человеческое дело – не твое дело. Понял, розовая скотина! Идя взрывать, я иду устраивать мои дела, а ты хочешь быть только моим управляющим на чужом заводе. Пусть воруют и портят машины, а тебе только бы получать свое жалованье да поклоны, да? А я не могу! Все это, – он широким жестом повел рукою,– мой завод, мой, ты понимаешь, и обкрадывают меня. Я обворован и оскорблен. И я ненавижу оттого, что я оскорблен. Что бы ты делал в конце концов с твоими миллиардами, если бы я не догадался взять их у тебя? Строил бы оранжереи и делал наследников – для продолжения! Собственная яхта в две трубы и брильянты для жены? А я... дай мне все золото, что есть на земле, и я все его брошу в пекло моей ненависти. Потому, что я оскорблен! Когда ты видишь горбатого, ты бросаешь ему лиру, чтобы он дальше таскал свой горб, да? А я хочу уничтожить его, убить, сжечь, как кривое полено. Ты кому жалуешься, когда тебя обманут или собака укусит тебя за палец? Жене – полиции – общественному мнению? А если жена с лакеем наставит тебе рога или общественное мнение не поймет тебя и вместо сожаления высечет, ты тогда идешь к Богу? А мне не к кому идти, я никому не жалуюсь, но и не прощаю, понимаешь! Не прощаю, прощают только эгоисты. Я лично оскорблен!

Я слушал молча. Оттого ли, что я сел близко к камину и смотрел в огонь и только слушал, слова Магнуса слились с видом горящих и раскаленных поленьев: вспыхивало полено новым огнем – и вспыхивало слово, распадалась на части насквозь раскаленная, красная масса – и слова разбрызгивались, как горячие угли. В голове у меня было не совсем ясно, и эта игра вспыхивающих, светящихся, летающих слов погрузила меня в странный и мрачный полусон. Но вот что сохранила память:

– О, если бы ты мог ненавидеть! Если бы ты не был так труслив и малодушен! Я взял бы тебя с собою, и ты увидел бы такой пожар, который навсегда осушил бы твои дрянненькие слезы, выжег бы дотла твои слезливые мечты! Ты слышишь, как поют дураки во всем мире? Это они заряжают пушки. Умному надо только приложить огонь к затравке, ты понимаешь? Ты можешь спокойно смотреть, как за тоненькой перегородкой лежат рядом блаженствующий теленок – и голодная змея? Я не могу. Я должен пробуравить маленькое отверстие, маленькое отверстие... остальное они сделают сами. Ты знаешь, что от соединения правды с ложью получается взрыв? Я хочу соединять. Я ничего не буду делать сам: я только кончу их работу. Ты слышишь, как они весело поют? Я заставлю их плясать! Пойдем со мною, товарищ! Ты хотел какой-то игры – мы дадим необыкновенный спектакль! Мы приведем в движение всю землю, и миллионы марионеток послушно запрыгают по нашему приказу: ты еще не знаешь, как они талантливы и послушны, это будет превосходная игра, ты получишь огромное удовольствие…

Большое полено упало и рассыпалось множеством искр и горячих угольков. Огонь упал, и камин стал угрюмым и красным. Из потемневшего закопченного жерла несло молчаливым жаром, опалявшим мое лицо, и вдруг мне представился мой театр кукол. Это огонь и тепло строили миражи. Будто снова глухо затумпали барабаны, и весело звякнули медные тарелки, и веселый клоун пошел вверх ногами, а у бедной куколки разбили ее фарфоровую головку. Потом еще головку, и еще. Потом я увидел мусорный ящик, и оттуда торчали две неподвижные ножки в розовых туфельках. А барабаны все тумпали: тумп – тумп – тумп. И я сказал задумчиво:

– Мне кажется, что им будет больно.

И за моей спиною прозвучал надменный и равнодушный ответ:

– Очень возможно.

…Тумп. Тумп. Тумп…

– Тебе все равно, Вандергуд, а я не могу! Пойми наконец, я не могу допустить, чтобы всякая двуногая мразь также называлась человеком. Их стало слишком много, под покровительством докторов и законов они плодятся, как кролики в садке. Обманутая смерть не успевает справляться с ними, она сбита с толку, она совсем потеряла мужество и свой моральный дух. Она беспутничает по танцклассам. Я их ненавижу. Мне становится противно ходить по земле, которой овладела чужая, чужая порода. Надо на время отменить законы и пустить смерть в загородку. Впрочем, они сделают это сами. Нет, это не я, это они сами. Не думай, что я как-то особенно жесток, нет, – я только логичен. Я только вывод – знак равенства – итог – черта под рядом цифр. Ты можешь называть меня Эрго[5] , Магнус Эрго! Они говорят: дважды два, я отвечаю: четыре. Ровно четыре. Вообрази, что мир застыл на мгновение в полной неподвижности, и ты увидишь такую картину: вот чья-то улыбающаяся беззаботно голова, а над нею – занесенный, застывший топор. Вот куча пороху, а вот падающая в порох искра. Но она остановилась и не падает. Вот тяжелое здание на единственной уже согнувшейся подпоре. Но все застыло, и подпора не ломается. Вот чья-то грудь, а вот чья-то рука, делающая пулю для этой груди. Разве это приготовил я? Я только беру рычажок и – раз! – двигаю его вниз. Топор опускается на смеющуюся голову и дробит ее. Искра падает в порох – готово! Здание рушится. Приготовленная пуля пробивает

---

[5] Следовательно (от лат. ergo).

приготовленную грудь. А я только надавил рычажок, я, Магнус Эрго! Подумай: разве я мог бы убивать, если бы в мире были только скрипки и другие музыкальные инструменты?

Я захохотал:

– Только скрипки!

Магнус ответил смехом: голос его был хрипл и тяжел:

– Но у них другие инструменты! И я буду пользоваться их инструментами. Видишь, как это просто и интересно?

– А дальше, Магнус Эрго?

– Почем я знаю, что будет дальше? Я вижу только эту страницу и решаю только эту задачу. Я не знаю, что на следующей странице.

– Может быть, то же самое?

– Может быть, то же самое. А может быть, что это последняя страница... ну что ж: итог все равно нужен.

– Ты когда-то говорил о чуде?

– Да. Это мой рычаг. Ты помнишь, что я рассказывал о моем взрывчатом веществе? Я обещаю кроликам, что они станут львами... Видишь ли, кролик не выносит ума. Если кролика сделать умным, он повесится от тоски. Ум – это логика, а что хорошего может обещать кролику логика? Один вертел и непочетное место в ресторанном меню. Ему надо или обещать бессмертие за небольшую плату, как это делает мой друг кардинал X., или земной рай. Ты увидишь, какую энергию, какую смелость и прочее разовьет мой кролик, когда я нарисую ему на стене райские кущи и эдемские сады!

– На стене?

– Да, на каменной стене. Он весь, всей своей породой пойдет на штурм!.. И кто знает... да, кто знает... а вдруг он этой массой действительно сломает стену?

Магнус задумался. Я встал от потухшего камина и внимательно посмотрел на взрывчатую голову моего отвратительного друга... что-то наивное, какие то две морщинки, почти детские по своему выражению, сложились на его каменном лбу. Я засмеялся и вскрикнул:

– Фома Магнус! Магнус Эрго! Ты веришь?

Не поднимая головы, он так же задумчиво, словно не слыхав моего смеха, ответил:

– Надо попробовать.

Но я продолжал смеяться, во мне уже начала разгораться дикая – вероятно, человеческая – насмешливая злоба:

– Фома Магнус! Магнус Кролик! Ты веришь?

Тогда он с силою ударил по столу своей тяжелой ладонью и заревел как исступленный:

– Молчи! Я говорю: надо попробовать. Откуда я могу знать? Я еще не был на Марсе и не смотрел на землю с изнанки. Молчи, проклятый эгоист! Ты ничего не понимаешь в наших делах. Ах, если бы ты мог ненавидеть!..

– Я уже ненавижу.

Магнус внезапно и странно успокоился. Сел – и внимательно, недоверчиво, исподлобья, осмотрел меня со всех сторон:

– Ты? Ненавидишь? Кого?

– Тебя.

Он еще раз так же внимательно осмотрел меня и недоверчиво качнул головою:

– Это правда, Вандергуд?

– Если они кролики, то ты самый отвратительный из них, потому что ты – помесь кролика и... Сатаны. Ты трус! Это не важно, что ты мошенник, грабитель, лжец и убийца, но ты трус. Я ждал большего, старина. Я ждал, что твой ум поднимет тебя до величайшего злодейства, но ты самое злодейство превращаешь в какую-то подлейшую филантропию. Ты такой же лакей, как и другие, но прислуживать ты хочешь человеческому заду: вот вся твоя мудрость!

Магнус вздохнул:

– Нет, это не то. Ты ничего не понимаешь, Вандергуд.

– А тебе не хватает смелости, дружище. Если ты Магнус Эрго – какая наглость: Магнус Эрго! – то и иди до конца. Тогда и я пойду с тобою... быть может!

– Правда пойдешь?

– А отчего мне не пойти? Пусть я Презрение, а ты Ненависть, мы можем идти вместе. Не бойся, что я буду хватать тебя за руку. Ты многое мне открыл, моя милая гадина, и я не стану удерживать твоей руки, если даже ты поднимешь ее на себя.

– Ты изменишь мне?

– А ты меня убьешь. Разве этого недостаточно?

Но Магнус недоверчиво качал головой и твердил:

– Ты изменишь мне. Я живой человек, а от тебя несет запахом трупа. Я не хочу презирать себя, тогда я погиб. Не смей смотреть на меня! Смотри на тех.

Я засмеялся.

– Хорошо. Я не буду смотреть на тебя. Я буду смотреть на тех. Моим презрением я облегчу тебе работу.

Магнус задумался и думал долго. Потом исподлобья взглянул на меня и тихо спросил:

– А Мария?..

Проклятый! Он снова уронил мое сердце на землю! Я дико смотрел на него, как разбуженный ночью огнем пожара. И три высоких волны перекатились через мою грудь. Первою волною поднялись умолкшие скрипки… ах, как взвыли они, точно не на струнах, а на моих жилах играл музыкант! Потом огромным валом с пенистою гривой прокатились все образы, все чувства и мысли моей недавней и милой человечности: подумай, там было все! Там была даже ящерица, которая как-то лунной ночью прошуршала возле моих ног. Даже маленькую ящерицу я вспомнил! И третьей глубокой волною тихо вскатилось на берег священное имя: Мария! И тихо ушла, оставив нежнейшее кружево пены, и солнце из-за моря брызнуло лучами, и на одно мгновение, на одну минуточку, стал я белой шхуной с опущенными парусами. Где были звезды, пока единым словом не возжег их владыка вселенной? Мадонна.

Магнус тихо окликнул меня:

– Куда ты? Там ее нет. Чего ты хочешь?

– Простите, дорогой Магнус, но я бы хотел видеть синьорину Марию. Только на одну минуту. Мне не совсем хорошо, что-то сделалось с моей головой и глазами. Вы улыбаетесь, дорогой Магнус, или это только кажется мне? Я слишком долго смотрел на горящие дрова, и теперь мне трудно понять, что передо мною. Вы сказали: Мария? Да, я хотел бы увидеть ее. Мы потом продолжим наш интересный разговор, вы мне напомните, где мы остановились, а пока я очень просил бы… Может быть, мы поедем на автомобиле в Кампанью? Там так хорошо. И синьорина Мария…

– Сядь. Ты сейчас ее увидишь.

Но я еще не кончил мою околесицу – что за черт случился с моей головою! Я еще долго плел ее и – теперь мне смешно вспомнить это! – раза два горячо пожал неподвижную и тяжелую руку Фомы Магнуса: вероятно, он казался мне отцом в ту минуту. Наконец я замолчал, стал кое-что соображать, но все еще покорно по приказу Магнуса сел в кресло и приготовился внимательно слушать его.

– Теперь ты можешь слушать? Ты очень разволновался, старина. Помни: сознание! Сознание!

– Да, теперь могу. Я… все вспомнил. Продолжай, дружище, я слушаю.

Да, я вспомнил все, но мне было безразлично, что говорил и что будет говорить Магнус: я ждал Марию. Вот как сильна была моя любовь! Почему-то глядя в сторону и отбивая такт ладонью по столу, Магнус медленно и словно неохотно произнес следующее:

– Слушай, Вандергуд. В сущности, для меня было бы всего удобнее просто выгнать тебя на улицу с твоим идиотским Топпи. Ты хотел испытать все человеческое, и я с удовольствием посмотрел бы на тебя, как ты зарабатываешь хлеб. Вероятно, отвык, а? Интересно бы и другое: посмотреть, во что превратится твое великолепное презрение, когда… Но я не зол. Странно сказать, но во мне есть даже чувство маленькой благодарности за… твои миллиарды и, кроме того, маленькая надежда. Да, надежда, что ты еще можешь стать… человеком. И хотя это несколько свяжет меня, я готов взять тебя с собою, но только – после некоторого испытания. Ты – все еще хочешь взять… Марию?

– Да.

– Хорошо.

Магнус тяжело поднялся с кресла и направился к двери. Но на половине дороги он внезапно повернулся ко мне и – до чего это было неожиданно со стороны старого мошенника! – поцеловал меня в лоб.

– Сиди, сиди, старина. Я сейчас ее позову. Слуг сегодня нет в доме.

Последнее он договорил, лёгонько стуча в дверь. На мгновение показалась голова одного из сотрудников и скрылась. Так же тяжело Магнус вернулся на свое место и, вздохнув, сказал:

– Сейчас придет.

Мы молчали. Я неотступно смотрел на высокую дверь, и вот она открылась. Вошла Мария. Я быстрыми шагами направился к ней навстречу и низко наклонился над ее рукою. И Магнус крикнул:

– Не целуй руки!

27 мая

Вчера я не мог продолжать. Не смейся! Это простое сочетание простых слов – не целуй руки! – кажется мне самым страшным из всего, что может произнести человеческий язык. На меня они действуют магически, как заклятие. Когда бы они ни прозвучали во мне, они прерывают меня, прекращают то состояние, в каком я был, и переводят в новое. Если я говорил, я умолкаю, как внезапно онемевший. Если я шел, я останавливаюсь. Если я стоял, я бегу. Если они прозвучат во сне, то, как бы ни крепок был мой сон, я просыпаюсь и больше уже не сплю. Очень простые, чрезвычайно простые слова: не целуй руки! Теперь слушай, что было дальше. Итак: я наклонился над рукой Марии. Но возглас Магнуса был так неожиданен и странен, в хриплом голосе его звучала такая повелительность и даже страх, что нельзя было не подчиниться! Но я не понял и с недоумением поднял голову, все еще держа руку Марии в своей, и вопросительно взглянул на Магнуса. Он дышал тяжело – как будто уже видел падение в пропасть – и на мой вопросительный взгляд тихо, слегка задыхаясь, ответил:

– Оставь ее руку. Мария, отойди от него.

Мария высвободила руку и отошла в сторону, далеко от меня. Все еще не понимая, я смотрел, как она отходила, уже стоял один, а все еще ничего не понимал. На одно коротенькое мгновение мне стало даже смешно, напоминало какую-то сцену из комедии, где влюбленные и сердитый отец, но тотчас же этот нелепый смех погас, и я с покорным ожиданием устремил глаза на Магнуса.

Магнус медлил. Тяжело встав, он два раза прошел по комнате, потом остановился прямо передо мною и, заложив руки за спину, сказал:

– При всех твоих странностях, ты порядочный человек, Вандергуд. Я тебя ограбил (он так сказал!), но я не могу дальше позволять, чтобы ты целовал руку у… этой женщины. Слушай! Слушай! Я уже сказал тебе, что ты должен сразу и немедленно переменить твой взгляд на людей. Это очень трудно, я сочувствую тебе, но это необходимо, дружище. Слушай, слушай! Ты был введен мною в заблуждение: Мария – не дочь мне… вообще у меня нет детей. И… не Мадонна. Она – моя любовница и была ею до вчерашней ночи…

…Теперь я понимаю, что Магнус был по-своему милосерд и погружал меня в темноту с нарочитой медленностью. Но тогда я не понимал этого и, задыхаясь медленно, дыша все короче, так же медленно терял сознание. И когда с последними словами Магнуса во мне погас последний свет и непроницаемая тьма объяла меня, я выхватил револьвер и несколько раз выстрелил в Магнуса. Не знаю, сколько было выстрелов, помню только ряд смеющихся вспыхивающих огоньков и толчков руки, дергавших ее кверху. Совершенно не помню, как и когда вбежали сотрудники Магнуса и обезоружили меня. Когда я опомнился, картина была такая. Сотрудников уже не было в комнате. Я глубоко сидел в кресле у потухшего камина, волосы мои были мокры от воды, и над левой бровью сочилась кровью небольшая ссадина. Воротничка на мне не было, и рубашка была разорвана, был почти совсем оторван левый рукав, и мне все приходилось подтягивать его кверху. Мария стояла на том же месте и в той же позе, словно ни разу не двинувшись за все время борьбы. Удивило меня присутствие Топпи, который сидел в углу и странно смотрел на меня. У стола, спиною ко мне, стоял Магнус и наливал себе вино.

Когда я особенно глубоко вздохнул, Магнус быстро обернулся и сказал странно обычным тоном:

– Хотите вина, Вандергуд? Теперь вам можно выпить стакан. Нате выпейте. Видите, вы в меня не попали. Не знаю, радоваться этому или нет, но я жив. Ваше здоровье, старина!

Я коснулся пальцем лба и пробормотал:

– Кровь…

– Пустое, маленькая ссадина, она сейчас подсохнет. Не надо трогать.

– Пахнет…

– Порохом? Да, но и это сейчас пройдет. Здесь Топпи, вы видите? Он просил оставить его здесь. Вы ничего не будете иметь против, если ваш секретарь останется при дальнейшем разговоре? Он очень предан вам.

Я взглянул на Топпи и улыбнулся. Топпи состроил гримасу и нежно простонал:

– Мистер Вандергуд! Это я, ваш Топпи.

И заплакал. Этот старый черт, все еще пахнущий мехом, этот шут в черном сюртуке, этот пономарь с отвислым носом, совратитель маленьких девочек – заплакал! Но еще хуже то, что, поморгав глазами, заплакал и я, «мудрый, бессмертный, всесильный!». Так плакали мы оба, два прожженных черта, попавших на землю, а люди – я счастлив отдать им должное! – с сочувствием смотрели на наши горькие слезы. Плача и одновременно смеясь, я сказал:

– А трудно быть человеком, Топпи?

И Топпи, всхлипнув, покорно ответил:

– Очень трудно, мистер Вандергуд.

Но тут я взглянул случайно на Марию, и мои сентиментальные слезы сразу высохли. Вообще этот вечер памятен мне самыми неожиданными и нелепыми переходами в настроении, ты, вероятно, знаешь их, человече? То я ныл и звякал лирою, как слезливый поэт, то вдруг преисполнялся каменным спокойствием и чувством несокрушимой силы, а то начинал болтать глупости, как попугай, испугавшийся собаки, и болтал все громче, глупее и несноснее, пока новый переход не повергал меня в смертельную и бессловесную тоску. Магнус поймал мой взгляд на Марию и как-то нехотя улыбнулся. Я поправил ворот моей разорванной рубашки и сказал сухо:

– Не знаю еще, радоваться мне или нет, что я не убил тебя, дружище. Теперь я совершенно спокоен и просил бы тебя рассказать мне все… об этой женщине. Но так как ты лжец, то прежде всего я спрошу ее. – Синьорина Мария, вы были моей невестой, и в ближайшие дни я думал назвать вас своей женой, скажите же правду: вы действительно… любовница этого человека?

– Да, синьор.

– И… давно?

– Пять лет, синьор.

– А сколько вам лет сейчас?

– Девятнадцать, синьор.

– Значит, с четырнадцати лет? Продолжай, Магнус.

– О, Боже!

(Это воскликнул Топпи, старый черт.)

– Сядь, Мария. Как видишь, Вандергуд, – спокойно и сухо начал Магнус, словно демонстрируя не человека а препарат, – эта моя любовница – явление не совсем обычное. При ее необыкновенном сходстве с Мадонной, способном обмануть и не таких знатоков в религии, как мы с тобою, при ее действительно неземной красоте, чистоте и прелести она с ног до головы продажная, развратная и совершенно бесстыдная тварь…

– Магнус!

– Успокойся. Ты видишь, как она слушает меня? Даже твой старый Топпи ежится и краснеет, а у нее – все так же ясен взор и все черты полны ненарушимой гармонии… ты заметил, как ясен взор Марии? Он всегда ясен. Мария, ты слушаешь меня?

– Да, конечно.

– Хочешь апельсин или вина? Возьми там на столе. Кстати, обрати внимание на ее походку: она всегда как будто идет по цветам или шествует на облаках, – легкость и красота необыкновенная! Как старый ее любовник, могу прибавить еще подробность, которой ты не знаешь: она сама, ее тело, пахнет какими-то удивительными цветами. Теперь о ее душевных свойствах, как говорят психологи.

Если о ней говорить обычным языком, то она глупа, как гусыня, глупа непроходимо. Но хитра. Но лжива. Очень жадна к деньгам, но любит их только в золоте. Все, что она говорила тебе, говорила с моих слов, более сложные фразы заучивая наизусть… я таки порядочно намучился с нею. И все же я очень боялся, что ты, несмотря на любовь, увидишь ее слишком явную глупость, и потому все последние решительные дни скрывал ее от тебя.

Топпи простонал:

– О, Боже! Мадонна!

– Вас это удивляет, м-р Топпи? – спросил Магнус, повернув голову. – И не одного вас, добавлю. Помнишь, Вандергуд, я говорил тебе о роковом сходстве Марии, которое привело одного юношу к смерти. Тогда я солгал тебе только наполовину: юноша действительно покончил с собою, когда увидел сущность моей Марии. Он был чист душою, любил, как и ты, и не мог вынести… как это говорится! – крушения своего идеала.

Магнус засмеялся:

– Ты помнишь Джиованни, Мария?

– Немного.

– Ты слышишь, Вандергуд? – смеясь, спросил Магнус. – Точно так же и таким же голосом она сказала бы обо мне через неделю, если бы ты сегодня убил меня. Скушай еще апельсин, Мария… Но если говорить о Марии не совсем обычным языком, то она даже и не глупа. Просто у нее нет того, что зовется душою, совсем нет. Я много раз пытался заглянуть в глубину ее сердца, ее мыслей, и каждый раз кончалось у меня головокружением, как на краю пропасти: там нет ничего. Пустота. Ты, вероятно, замечал, Вандергуд, или вы, м-р Топпи, что лед не так холоден, как лоб мертвого человека? И какую известную вам пустоту, невольные друзья мои, вы ни вообразите себе, она не может сравниться с тем почти абсолютным vacuum, что составляет ядро моей прекрасной, светоносной звезды. Звезда морей,– кажется, так ты однажды назвал ее, Вандергуд?

Магнус снова засмеялся и выпил стакан вина, он много пил в тот вечер.

– Хотите вина, м-р Топпи? Нет? ну, как хотите. Я выпью. Так вот почему, Вандергуд, я не хотел, чтобы ты целовал руку у этой твари. Не потупляй глаз, дружище. Вообрази, что ты в музее, и смотри на нее смело и прямо. Вы что-то хотите возразить, м-р Топпи?

– Да, синьор Магнус. Извините меня, мистер Вандергуд, но я просил бы позволения удалиться. Как джентльмен, хотя и… маленький, я не могу присутствовать при… при…

Магнус насмешливо прищурил глаза:

– При такой сцене?

– Да, при такой сцене, когда один джентльмен, с молчаливого согласия другого джентльмена, так оскорбляет женщину, – вспыльчиво воскликнул Топпи и встал.

Все так же иронически Магнус обратился ко мне:

– А ты что скажешь, Вандергуд? Отпустить этого слишком маленького джентльмена?

– Останься, Топпи.

Топпи покорно сел. С того момента, как начал говорить Магнус, я как будто впервые перевел дыхание и взглянул на Марию. Что тебе сказать? Это была Мария. И тут я понял немного, что именно происходит в голове, когда люди начинают сходить с ума.

– Можно продолжать? – спросил Магнус. – Впрочем, мне осталось немного. Да, я взял ее, когда ей было четырнадцать или пятнадцать лет, она сама не знает точно своих годов, но я был уже не первый ее любовник и… не десятый. Никогда я не мог узнать точно и полно ее прошлого. Либо она хитро лжет, либо действительно лишена памяти, но никакие самые тонкие расспросы, на которые попался бы даже опытный преступник, ни подкупы и подарки, ни даже угрозы – а она очень труслива – не могли принудить ее к рассказу. Она «не помнит», вот и все.

Но ее глубочайшая развращенность, способная смутить даже султана, ее необыкновенная опытность и смелость в арс аманди[6] подтверждают мою догадку, что она получила воспитание в лупанарии… или при дворе какого-нибудь Нерона. Я не знаю ее возраста, и на моих глазах она не меняется: отчего не допустить, что ей не двадцать, а две тысячи лет? Мария… ты все умеешь и все можешь?

Я не смотрел на эту женщину. Но в ее ответе прозвучало легкое неудовольствие:

– Не говори глупостей. Что может подумать обо мне м-р Вандергуд?

Магнус громко рассмеялся и стукнул стаканом:

– Слышишь, Вандергуд: она дорожит твоим мнением! А если я прикажу ей немедленно в нашем присутствии раздеться…

– Боже мой, боже мой! – простонал Топпи и закрыл лицо руками. Я быстро взглянул в глаза Магнусу – и надолго застыл в страшном очаровании этого взгляда. Его лицо еще смеялось, эту бледную маску еще корчило подобие веселого смеха, но глаза были неподвижны и тусклы. Обращенные на меня, они смотрели куда-то дальше и были ужасны своим выражением темного и пустого бешенства: так гневаться и так грозить мог бы только череп своими пустыми орбитами.

И опять потемнело у меня в голове, и, когда я опомнился, Магнус уже сидел, отвернувшись, и спокойно пил вино. Не поворачиваясь, он приподнял стакан на свет, понюхал вино, отхлебнул немного и сказал тем же спокойным голосом, как и раньше:

– Так вот, Вандергуд, дружище. Теперь ты знаешь почти все о Марии, или Мадонне, как ты ее называл, и я тебя спрашиваю: ты хочешь ее взять или нет? Я отдаю ее. Возьми. Если ты скажешь да, она сегодня же будет в твоей спальне и… клянусь вечным спасением, ты проведешь очень недурную ночь. Ну что?

– Вчера ты, а сегодня я?

– Вчера я, а сегодня ты! – Он нехотя улыбнулся. – Ты совсем плохой мужчина, Вандергуд, что спрашиваешь о таких пустяках. Или ты еще не привык, чтобы твою постель нагревал другой? Возьми, она славная девочка. Она все умеет.

– Ты кого мучаешь, Магнус: меня или себя?

Магнус иронически взглянул на меня:

– Какой умный мальчик! Конечно, себя! Вы очень умный американец, м-р Вандергуд, и я искренне удивляюсь, что вы сделали такую плохую карьеру. Идите спать, милые дети, спокойной ночи. Что ты так смотришь,

---

[6] В искусстве любви (от лат. ars amandi).

Вандергуд: находишь, что час слишком ранний? Тогда возьми ее и прогуляйся по саду. Когда ты увидишь Марию при лунном свете, три тысячи Магнусов не в силах будут доказать, что это небесно чистое существо такая же тварь, как…

Я вспылил:

– Вы отвратительный мошенник и лжец, Фома Магнус! Если она получила воспитание в лупанарии, то ваше высшее образование, почтеннейший синьор, закончилось, видимо, в каторжной тюрьме. Откуда вы принесли этот аромат, которым так густо пропитаны все ваши истинно джентльменские шутки и остроты. Меня начинает тошнить от вашей бледной рожи. Сделав женщину приманкой, как самый обыкновенный трущобный герой…

Магнус ударил кулаком по столу, его глаза налились кровью и горели.

– Молчать! Ты невообразимый осел, Вандергуд! Разве ты не понимаешь, что я сам был обманут ею, – обманут, как и ты? Кто не обманется, встретив Мадонну? О дьявол! И чего стоят страдания твоей ничтожной, полосатой, американской душонки рядом с муками моей души? О дьявол! Остроты, шутки, джентльмены и леди, ослы и тигры, боги и черти! Разве ты не видишь: это не женщина, это орел, который ежедневно клюет мою печень! Мои муки начинаются с утра. Каждое утро, забыв вчерашнее, я вижу перед собою Мадонну и верю! Я думаю: что было со мною вчера? Вероятно, я ошибся, чего-то недоглядел. Не может быть, чтобы этот ясный взор, эта божественная поступь, этот пречистый лик Мадонны принадлежал проститутке. Это в твоей душе грязь, Фома, а она чиста, как облатка. И бывало так, что я на коленях вымаливал прощения у этой твари! Представляешь это: на коленях! И вот когда я был истинным и жалким мошенником, Вандергуд. Я жалко выдумывал ее, я подсовывал ей мои мысли и чувства, радовался, как идиот, чуть не плакал от счастья, когда она, шатаясь в словах, что-то повторяла. Как жрец, я сам раскрашивал моего идола, а потом падал ниц в упоении! Но правда была сильнее. Минута за минутой, час за часом сползала с нее ложь, и бывало так, что к ночи я бил ее. Плакал и бил, бил жестоко, как сутенер бьет свою любовницу. А потом ночь с ее вавилонским развратом, мертвый сон – и забвение. И опять утро. И опять Мадонна. И опять… О дьявол! Как печень у Прометея, за ночь вырастала моя вера, и как коршун, целый день она терзала ее. Ведь я тоже живой человек, Вандергуд!

Поеживаясь, как от холода, Магнус быстро заходил по комнате, заглянул в потухший камин и подошел к Марии. Мария вопросительно подняла на него свой ясный взор, и с осторожной нежностью, как ласкают попугая или кошку, Магнус погладил ее по голове, бормоча:

– Какая головка! Какая милая головка… Вандергуд, пойди погладь ее!

Я подтянул надорванный рукав и иронически спросил:

– И этого коршуна теперь ты хочешь отдать мне? У тебя уже не хватает корму? Кроме моих миллиардов, тебе нужна и моя печень!

Но Магнус уже успокоился. Поборов волнение и заметно овладевавший им хмель, он неторопливо вернулся на свое место и вежливо приказал:

– Сейчас я отвечу на ваш вопрос, м-р Вандергуд. Пожалуйста, пойди к себе, Мария. Мне еще необходимо поговорить с м-ром Вандергудом. И вас, почтеннейший м-р Топпи, я также попросил бы на время удалиться. Вы можете побыть в зале с моими друзьями.

– Если м-р Вандергуд прикажет… – сухо сказал Топпи, не вставая.

Я утвердительно кивнул головою, и мой секретарь послушно вышел, не глядя на Магнуса. Удалилась и Мария. Если говорить всю правду, то в первую минуту нашего тет-а-тет с Магнусом мне снова захотелось заплакать – припасть к его жилету и заплакать: ведь все же этот грабитель был моим другом! Но я только глотнул слезы, сделал: ам! – и удовлетворился. Потом миг короткого отчаяния, что Мария ушла. И медленно, словно издалека, словно от каких-то давних воспоминаний, начало подползать к моему сердцу слепое и дикое бешенство, потребность бить и разрушать. Скажу еще, что меня очень раздражал надорванный, непрерывно сползавший рукав: мне надо было быть суровым и грозным, а он делал меня смешным… ах, от каких пустяков зависит на этой земле исход важнейших событий! Я закурил сигару и с умышленной грубостью бросил в спокойное и ненавистное лицо Магнуса:

– Ну ты! Довольно комедий и шарлатанства. Говори, что надо. Так ты хочешь отдать мне своего коршуна?

Магнус спокойно ответил, хотя глаза его гневно сверкнули:

– Да. Это и есть то испытание, которое я хотел предложить вам, Вандергуд. Боюсь, что я несколько поддался чувству бесполезной и бесплодной мести и в присутствии Марии говорил горячее, нежели следует. Дело в том, что все это, о чем я так живописно повествовал, страсть и отчаяние и все муки… Прометея, остались в прошлом. Теперь я смотрю на Марию без боли и даже с некоторым удовольствием, как на красивого и полезного зверька… Полезного в душевном хозяйстве, вы понимаете? Что такое Прометеева печень? Все это вздор! В сущности, я должен быть только благодарен Марии. Своими зубками она выгрызла всю мою бессмысленную веру и дала мне тот ясный, твердый и непогрешимый взгляд на жизнь, при котором невозможны никакие обманы и… сентиментальности. Вы должны это понять и испытать, Вандергуд, если хотите идти вместе с Магнусом Эрго.

Я молчал, лениво посасывая сигару. Магнус потупил глаза и продолжал еще спокойнее и суше:

– Пустынники, чтобы приучить себя к смерти, спали в гробу: пусть для вас Мария будет этим гробом, и, когда вам захочется сходить в церковь, поцеловать женщину или протянуть руку другу, взгляните на Марию и вспомните ее отца, Фому Магнуса. Возьмите ее, Вандергуд, и вы скоро убедитесь в пользе моего дара. Мне она больше не нужна. И когда ваша оскорбленная душа загорится пламенем истинно человеческой неугасимой ненависти, а не дряблого презрения, приходите ко мне, я приму вас в ряды моего воинства, которое уже вскоре... Вы еще колеблетесь? Ну тогда идите ловить другие обманы, но только бойтесь мадонн и мошенников, господин из Иллинойса!

Он громко рассмеялся и залпом выпил стакан вина. Напускное спокойствие покинуло его. В его покрасневших глазах снова запрыгали огоньки хмеля, то веселые и смешливые, как огоньки карнавала, то мрачно-торжественные и дымные, как погребальные факелы у ночной могилы. Мошенник был пьян, но держался крепко и только шумел ветвями, как дуб под южным ветром. Встав передо мною, он цинично выпрямил грудь, словно весь выставляясь наружу, и точно плюнул в меня словами:

– Ну! Ты еще долго будешь думать, осел? Скорее, или я тебя выгоню. Скорее! Ты мне надоел наконец, зачем я трачу на тебя слова? О чем ты думаешь?

В голове у меня зашумело. С яростью поддергивая сползающий проклятый рукав, я ответил:

– Я думаю о том, какое ты злое, надменное, тупое и отвратительное животное! Я думаю о том, в каких источниках жизни или недрах самого ада я мог бы найти для тебя достойное наказание. Да, я пришел на эту землю, чтобы поиграть и посмеяться. Да, я сам был готов на всякое зло, сам лгал и притворялся, но ты, волосатый червяк, забрался в самое мое сердце и укусил меня. Ты воспользовался тем, что у меня человеческое сердце, и укусил меня, волосатый червяк. Как ты смел обмануть меня? Я накажу тебя.

– Ты? Меня?

Рад сказать, что Магнус казался не только изумленным, но и опешившим. Его глаза расширились и округлились, раскрытый рот наивно выставлял белые зубы. Словно с трудом дыша, он повторил:

– Ты? Меня?

– Да. Я тебя.

– Полиция?

– Ты ее не боишься? Хорошо. Пусть все твои труды ничего не стоят, пусть на земле ты останешься безнаказанным, бессовестная и злая тварь, пусть в море лжи, которая есть ваша жизнь, бесследно растворится и исчезнет и твоя ложь, пусть на всей земле нет ноги, которая раздавила бы тебя, волосатый червь. Пусть! Здесь бессилен и я. Но наступит день, и ты уйдешь с этой земли. И когда ты придешь ко Мне и вступишь под сень Моей державы…

– Твоей державы? Постой, Вандергуд. Что же ты?

И вот здесь произошло самое позорное событие в моей земной жизни. Скажи: это смешно и стыдно, когда Сатана, хотя и вочеловечившийся, молитвенно склоняет колени перед проституткой и до нитки обкрадывается первым попавшимся проходимцем? Да, это смешно и стыдно для мудрого Сатаны, принесшего с собою дыхание вечности. Но что сказать про Сатану, который превращается в бессильного и жалкого лжеца и с треском напяливает на свою мудрую голову картонную корону театрального царя? Мне стыдно, человече. Дай мне одну из твоих оплеух, человече, которыми ты кормишь твоих друзей и наемных шутов. Или это оборванный рукав привел меня в такую безрассудную и жалкую ярость? Или это и было последним актом вочеловечения, когда дух нисходит до земли и дыханием своим метет пыль и навоз? Или гибель Мадонны, при которой я присутствовал, повлекла в ту же пропасть и Сатану?

Но вот что, – ты подумай! – вот что я ответил Магнусу. Выпрямив грудь в разорванной сорочке, незаметно поддерживая рукав, чтобы он совсем не свалился, сурово и грозно глядя прямо в глупые и, как я верил, испуганные глаза мошенника Магнуса, я торжественно ответил:

– Я – Сатана.

Одно мгновение Магнус молчал и затем рассмеялся всем смехом, какой только может вместить пьяная, отвратительная человеческая утроба. Ты, конечно, ждешь этого, человече, но я не ждал, клянусь вечным спасением, совсем не ждал! Я что-то крикнул, но наглый хохот этого животного заглушил мой голос. Наконец, улучив минуту в раскатах его хохота, я быстро и скромно пояснил… как примечание внизу страницы, как комментарий издателя:

– Понимаешь: я вочеловечившийся Сатана. Вочеловечившийся!

Он выслушал меня выпучив глаза – и с новыми раскатами смеха, шатаясь от его порывов, направился к дверям, раскрыл и крикнул:

– Сюда! Идите сюда! Тут Сатана! Вочело… вочеловечившийся!

И скрылся за дверями. О, если бы я мог провалиться, исчезнуть, улететь, как истинный черт на крыльях, в эту бесконечно длившуюся минуту, пока он собирал свою публику для необыкновенного спектакля.

И вот они появились все, будь они прокляты: и Мария, и все шестеро сотрудников, и мой несчастный Топпи, и сам Магнус, и в заключении шествия – его преосвященство кардинал X.! Проклятая бритая обезьяна шла очень чинно и даже поклонилась мне, вслед за тем так же чинно уселась в кресло и расправила на коленях сутану. Все недоумевали, еще не зная точно, в чем дело, и смотрели то на меня, то на Магнуса, старавшегося быть серьезным.

– В чем дело, синьор Магнус? – благосклонно спросил кардинал.

– Позвольте доложить следующее, ваше преосвященство. Мистер Генри Вандергуд только что заявил мне, что он Сатана. Да, вочеловечившийся Сатана. Таким образом, наше предположение, что он американец из Иллинойса, падает. М-р Вандергуд – Сатана и, по-видимому, только недавно изволил прибыть из ада. Как же нам быть, ваше преосвященство?

Молчание еще могло спасти меня. Но разве можно было что-нибудь сделать с этим разъярившимся Вандергудом, у которого обида бурлила в сердце! Как лакей, присвоивший себе имя своего знатного господина, что-то смутно знающий о его величии, могуществе и связях, – Вандергуд важно выступил вперед и сказал с ироническим поклоном:

– Да, я Сатана. Но должен добавить к речи синьора Магнуса – не только вочеловечившийся, но и ограбленный Сатана. Вам не известны, ваше преосвященство, те два мошенника, что ограбили меня. Не вы ли один из них, ваше преосвященство?

Один Магнус продолжал ухмыляться, все остальные стали, как мне казалось, серьезны и ждали ответа кардинала. И он последовал: бритая обезьяна оказалась недурным актером. Сделав преувеличенно испуганное лицо, кардинал поднял правую руку и произнес с выражением крайнего добродушия, противоречившего жесту и словам:

– Ваде ретро, Сатанас![7]

Не стану рассказывать, как они смеялись. Ты сам можешь представить это. Даже Мария слегка открыла свои зубки. Почти теряя сознание от бешенства и бессилия, я обратился к Топпи за сочувствием и поддержкой, но Топпи закрыл лицо руками, ежился в углу и молчал. Среди общего смеха, покрывая его, раздался тяжелый и безгранично глумливый голос Магнуса:

– Смотрите на ощипанного петуха. Это – Сатана!

И новый взрыв смеха. Его преосвященство неистово бил крылышками, захлебывался, ныл, его обезьянья неприспособленная гортань едва

---

[7] Изыди, Сатана! (от лат. Vade retro, Satanas).

пропускала каскады хохота. Я бешено дернул за свой проклятый рукав, оторвал его и, размахивая им, как флагом, на всех парусах пустился в открытое море лжи. Я знал, что где-то впереди есть рифы, о которые я разобьюсь, но ураган бессилия и гнева нес меня, как щепку.

Мне стыдно приводить эту речь, где каждое слово дрожало и выло от бессилия. Словно сельский поп, пугающий своих невежественных прихожан, я грозил им адом и его дантевскими муками литературного свойства. О, я таки знал кое-что, что могло бы действительно напугать их, но как я мог выразить необыкновенное, что невыразимо на их языке? И я болтал о вечном огне. О вечных муках. О неутолимой жажде. О скрежете зубовном. О бесплодии жалоб и слез. И о чем еще? Ах, даже о раскаленных крючьях болтал я, все больше распаляемый равнодушием и бесстыдством этих плоских лиц, этих маленьких глаз, этих ничтожных душ, мнивших себя безнаказанными. Но уютно, как в крепости, сидели они за стенами своего ничтожества и роковой слепоты, и распылялись все мои слова об их непроницаемые лбы! И ты подумай, единственный, кто был действительно испуган, был мой Топпи и Топпи, который один только мог знать, что эти слова мои – ложь! Это было так невыносимо глупо и смешно, когда я встретил его молящие, испуганные глаза, что я сразу, на самом высоком месте, оборвал мою речь. Еще раз и два молчаливо взмахнул оторванным рукавом, заменявшим знамя, и бросил его в угол. Мгновение мне еще казалось, что несколько испугана бритая обезьяна: синева ее щек резче выделилась на бледном квадратном лице, и угольки глаз как-то подозрительно тлели под чернотою косматых бровей, но вот она не спеша подняла руку, и тот же кощунственный шутливый возглас прервал общее молчание:

– Ваде ретро, Сатанас!

Или за этой шуткой кардинал хотел скрыть свой действительный испуг? Не знаю. Ничего не знаю. Раз я не мог ни провалить их, ни сжечь, как Содом и Гоморру, то стоит ли толковать о мурашках и гусиной коже? От этого спасает простой стакан вина.

И Магнус, как искусный целитель душ, спокойно предложил:

– Не хотите ли стакан вина, ваше преосвященство?

– Приму с благодарностью, – ответил кардинал.

– А Сатане мы не дадим, – дополнил Магнус, наливая вино, и шутливо покосился на меня. Но теперь он мог говорить и делать что угодно: Вандергуд иссяк и висел на ручке кресла, как тряпка.

Когда вино было выпито, Магнус закурил папиросу (он курит папиросы), обвел взором слушателей, как лектор перед началом лекции, приветливо кивнул совсем поблекшему Топпи и сказал следующее... хотя он был явно пьян и глаза его налились кровью, голос его был тверд и речь размеренно спокойна:

– Должен сказать, м-р Вандергуд, что я был очень внимательным слушателем, и ваша пылкая и страстная тирада произвела на меня большое художественное, сказал бы я, впечатление… минутами вы напоминали мне лучшие места из проповедей брата Джеронима Савонаролы. Вы не находите, ваше преосвященство, некоторого сходства? Но увы! – вы несколько отстали от времени. Те угрозы адом и вечными муками, которые могли повергнуть в панику веселую и прекрасную Флоренцию, звучат крайне неубедительно в воздухе современного Рима. Грешников давно нет на земле, м-р Вандергуд, – вы этого не заметили? – а для преступников и, как вы неоднократно выражались, мошенников простой комиссар полиции гораздо страшнее, нежели сам Вельзевул со всем его штабом чертей. Несколько странно, должен признаться, наряду с адскими муками и вечностью, прозвучало ваше обращение к суду истории и потомства, но и здесь вы оказались не на высоте современной мысли: теперь всякий дурак знает, что беспристрастная история с одинаковой любезностью заносит на свои скрижали как имена праведников, так и имена злодеев. Все дело в масштабе, м-р Вандергуд, вам, как американцу, это должно быть особенно понятно. И те невещественные розги, которыми история наказывает больших преступников, очень мало отличаются от ее лавров – на большом расстоянии, и эта маленькая разница положительно теряется, уверяю вас, Вандергуд, совершенно исчезает! И поскольку двуногое желает залезть в историю – а это желание есть у всех нас, м-р Вандергуд, оно может совершенно не стесняться в выборе двери: извиняюсь перед его преосвященством, но ни одна потаскуха с улицы не принимает так охотно нового гостя, как история нового… героя. Боюсь, что ни с адом, ни с историей дело у вас не вышло, Вандергуд: лучше прямо посылайте за полицией. Ах, но боюсь, что и с полицией у вас ничего не выйдет: я еще не успел сказать вам, что его преосвященство вступил в некоторую долю в тех миллиардах, что вы совершенно законно уступили мне, и его связи… вы понимаете?

Бедный Топпи: он только моргал глазами! Сотрудники весело рассмеялись, но кардинал сердито проворчал, сжигая меня своими угольками:

– Но он нагл. Он говорит, что он – Сатана. Выставьте его вон, синьор Магнус. Это кощунство!..

– Разве? – вежливо улыбнулся Магнус. – Я и не знал, что Сатана также принадлежит к лику…

– Сатана – падший ангел, – наставительно сказал кардинал.

– И, как таковой, он также у вас на службе? Я понимаю, – вежливо кивнул Магнус и с улыбкой обратился ко мне: – Слышите, Вандергуд? Его преосвященство недоволен вашей дерзостью.

Я молчал. Магнус лукаво подмигнул мне красными глазами и продолжал с искусственной важностью:

– Я думаю, ваше преосвященство, что здесь простое недоразумение. Я знаю скромность и вместе начитанность м-ра Вандергуда и полагаю, что к имени Сатаны он прибег как к известному художественному приему. Разве Сатана грозит полицией? А мой несчастный компаньон грозил ею. И разве вообще кто-нибудь видал такого Сатану?

Он эффектным жестом протянул ко мне руку, – и новый смех был ответом на эту шутку. Залился смехом и кардинал, и только Топпи качнул своей премудрой головой, как бы говоря:

– Идиоты!..

Кажется, Магнус заметил это. Или хмель снова овладел им. Или то буйство, каким пылала его душа, не могло долго держаться ни в каких плотинах, рвалось наружу. Но он угрожающе качнул своей тяжелой взрывчатой головою и крикнул:

– Довольно смеяться! Это глупо. Откуда вы все знаете? Это глупо, говорю вам. Я ни во что не верю, и оттого я все допускаю. Пожми мне руку, Вандергуд: они все глупцы, а я готов допустить, что ты – Сатана. Только ты попал в скверную историю, дружище Сатана. Потому что я все равно тебя сейчас выгоню! Слышишь… черт.

Он погрозил мне пальцем и задумался, низко и тяжело опустив голову и сверкая красными глазами, как бык, готовый кинуться. Смущенно молчали сотрудники и обиженный кардинал. Магнус еще раз многозначительно погрозил мне пальцем и сказал:

– Если ты Сатана, то ты и здесь опоздал. Понимаешь? Ты зачем пришел сюда? Играть, ты говорил? Искушать? Смеяться над нами, людишками? Придумать какую-нибудь новую злую игру, где мы плясали бы под твою музыку? Но так ты опоздал. Надо было приходить раньше, а теперь земля выросла и больше не нуждается в твоих талантах. Я не говорю о себе, который так легко обманул тебя и отнял деньги: я – Фома Эрго. Не говорю о Марии. Но посмотри на этих скромных маленьких друзей моих и устыдись: где в твоем аду ты найдешь таких очаровательных, бесстрашных, на все готовых чертей? А они даже в историю не попадут, такие они маленькие.

www.ingramcontent.com/pod-product-compliance
Lightning Source LLC
Chambersburg PA
CBHW010400310726
48979CB00017B/2796/J
9781636378831